SPSS & LISREL

For Beginners

초보자들을 위한

SPSS와 Lisrel을 이용한 통계자료 분석

권영훈 저

경남대학교 출판부

초보자들을 위한

SPSS와 Lisrel을 이용한 통계자료 분석

초판 1쇄 인쇄 2009년 2월 19일
초판 2쇄 인쇄 2011년 8월 22일

지은이 | 권영훈
펴낸이 | 박재규
펴낸곳 | 경남대학교 출판부

주소 | 경남 창원시 마산합포구 월영동 449
전화 | 055-243-2330
팩스 | 055-249-2073
전자우편 | ko10@kyungnam.ac.kr

ISBN 978-89-8421-288-6 03560

값 11,000원

머 리 말

최근들어 사회 전반에 다양한 조사연구들이 수행되고 있으며 학위의 다양성으로 통계분석 기법의 필요성이 높아지고 있다. 이러한 점을 반영하여 쉽고 빠르게 습득할 수 있는 다양한 통계처리 프로그램들이 개발되어져 있지만 정작 통계이론과 프로그램에 익숙하지 못한 초보자들의 경우에는 이용에 한계를 느끼고 있다.

특히 특수대학원이나 단기과정을 수학하고 있는 이용자들은 깊이있는 통계이론과 프로그램 이용방법을 필요로 하기 보다는 한 두건의 프로젝트에 국한하여 통계 프로그램을 이용하는 경우가 대부분일 것이다.

본 교재는 이러한 점을 반영하여 SPSS 14.0K와 Lisrel 8.5를 활용하여 학부과정에서의 기초통계학, 대학원 과정에서 연구조사방법론에서의 실습교재용으로 구성되어져 있다. 따라서 기초적이며 핵심적인 내용만 수록하여 단기간에 통계적 분석과 해석능력을 일정수준까지 높일 수 있을 것으로 기대된다.

이 책을 필요로 하는 많은 초보연구자들에게 조금이라도 도움이 되길 진심으로 기원한다.

2009년 2월

저자 권 영 훈

차례

1장. 표본조사와 통계이론

1장. 표본조사와 통계이론

1. 표본조사와 추출

최근의 대부분 조사는 전수조사이기보다 표본조사를 통해 이루어지고 있다. 모집단을 조사하는 것이 조사자의 욕구이겠지만, 시간적, 경제적 한계를 고려한다면 표본조사에 만족하는 것이 이성적이라고 할 것이다.

통계학의 바탕이 되는 표본추출이론은 정확성과 오차의 수준을 정확히 파악할 수 있다는 특징을 가진다. 모집단 전체의 특성을 추론하기 위해 모집단의 일부 표본을 추출할 때 표본추출(sampling)이라고 부른다. 그리고 표본을 이루는 각각의 개별요소들을 표본요소(sample elements)라고 부른다. 이하에서는 표본추출방법을 확률적 표본추출과 비확률적 표본추출로 구분하여 파악해보고자 한다.

1) 확률적 표본추출

ⅰ) 단순무작위추출

크기가 N인 모집단으로부터 크기가 n인 표본을 일양분포를 고려하여 추출하는 것을 말한다. 모집단의 전체 구성요소들을 파악하고 개별요소들에 대하여 난수표등을 이용하여 필요한 수를 추출하게 된다. 모집단 N에서 n개의 표본을 추출할 때 조사된 자료를 활용하여 평균과 비율과 같은 모수(parameter)를 추정한다.

모평균 μ의 추정량 $\hat{\mu} = \bar{x} = \dfrac{\sum x_i}{n}$

표본평균의 분산추정량 $\widehat{V}(\bar{x}) = \dfrac{S^2}{n}\left(\dfrac{N-n}{N}\right)$

모평균을 추정할 대 표본크기는 추정오차의 한계 D를 이용하여 결정한다. 표본추출오차라고 불리는 D는 다음과 같다.

$$D = |\bar{x} - \mu| = z_{\alpha}\sqrt{\widehat{V}(\bar{x})}$$

95% 신뢰수준에서의 추정오차는 $1.96\sqrt{\widehat{V}(\bar{x})}$ 수준이다. 그리고 추정오차 D 수준의 표본수 n은 다음과 같다.

$$n = \frac{N(z_\alpha \sigma)^2}{ND^2 + (z_\alpha \sigma)^2}$$

모분산을 알지 못하는 경우에는 표본분산(S^2)을 이용할 수 있다. 따라서 무작위 표본추출을 수행하는 경우에 어느 정도의 추출이 있어야 할 것인가를 추정오차를 고려하며 판단해야 할 것이다.

ii) 층화임의표본추출

모집단이 다양한 집단으로 구성되어 있는 경우에 여러개의 하위 부분집단으로 구분하고 각 층에서 단순무작위 표본추출을 수행하는 경우이다. 모집단에서 바로 표본을 추출하는 것이 아니라 집단을 층으로 구분하는 과정이 우선적으로 이루어져야 한다. 계층을 구분하는 기준은 구분가능성과 중요성을 바탕으로 한다.

모집단 크기 N인 모집단으로부터 L개의 계층을 구분하고 각 계층에서의 모집단 크기를 N_i라고 할 때, 각 계층 모집단으로부터 n개의 표본을 선택하여 층화표본추출을 수행한다. 이때의 모평균과 표본평균의 추정량은 다음과 같다.

모평균 μ의 추정량 $\overline{x} = \frac{1}{N}\sum N_i \overline{x_i} = \frac{1}{N}[N_i \overline{x_1} + N_2 \overline{x_2} + \cdots + N_L \overline{x_L}]$

표본평균의 분산추정량 $\hat{V}(\overline{x}) = \frac{1}{N^2}[N_1^2 \hat{V}(\overline{x_1}) + N_2^2 \hat{V}(\overline{x_2}) + \cdots + N_L^2 \hat{V}(\overline{x_L})]$

$$= \frac{1}{N^2}\sum N_i^2 (\frac{N_i - n_i}{N_i})(\frac{S_i^2}{n_i})$$

모집단으로부터 층화임의 표본추출법을 이용해 모평균을 추정하고자 하는 경우 추정오차를 활용하기 위한 표본의 수는 다음과 같다.

$$n = \frac{L\sum N_i^2 \sigma^2}{N^2 D^2 + \sum N_i \sigma_i^2}$$

각 층별로 표본크기를 배분하는 방법은 균등배분과 비례배분을 가장 일반적으로 활용하고 있다.

iii) 군집표본추출

모집단의 요소들을 직접 추출하는 것이 아니라 여러 개의 군집으로 묶어서 군집을 표본으로 추출하고 그 군집내의 요소들을 조사하는 방법이다. 따라서 표본추출 단위가 개인이 아니라 개인들이 속해있는 집단이라고 보아야 할 것이다.

군집표본추출에서 가장 중요한 점은 각 군집내의 요소들이 이질성이 확보할 수 있도록 군집을 선정하는 것이다. 모든 군집을 선택하지 않고 군집중에서도 일부만을 표본군집으로 선택하기 때문에 군집 내부의 요소들이 동질적이 되어버리면 전체 모집단에서 일부만을 선택하는 결과로 귀결하게 된다.

모집단을 M개의 군집으로 구성하여 m개의 표본군집을 형성한 예를 통해 평균과 분산의 추정량을 구할 수 있다. 각 군집에서의 표본수를 n_i라고 하고 N_i는 군집의 크기로 기호화한다. 따라서 N은 전체 모집단의 크기이다.

모평균 μ의 추정량 $\hat{\mu} = \frac{M}{n_m}\sum_{i=1}^{m}\frac{N_i}{n_i}\sum_{j=1}^{n_i}x_{ij}$

표본평균의 분산추정량

$$\hat{V}(\bar{x}) = \frac{1}{N^2}(M^2\frac{M-m}{M}\frac{S_b^2}{m} + M_m\sum_{i=1}^{m}N_i^2\frac{N_i-n_i}{N_i}\frac{S_i^2}{n_i})$$

일반적으로 군집표본추출법은 층화표본추출법과 병행하여 사용된다. 따라서 전체 모집단을 L개의 층으로 구분하고 각 계층에서 하나의 군집표본을 추출하게 된다.

이 외에도 통계적 표본추출법으로는 네트워크 표본추출법과 공간표본추출법 등 다수의 추출법들을 활용되고 있다.

2) 비확률적 표본추출법

표본을 선택할 확률이 알려져 있지 않기 때문에 표본이 모집단을 대표한다는 근거를 제시하지 못한다는 한계가 있으나 비확률적 표본추출법도 상당히 많이 활용되어지고 있다.

i) 편의표본추출법

주위에서 쉽게 구할 수 있는 자료나 대상을 바탕으로 자료를 수집하는 방법이다. 표본의 대표성을 추정할 수 없고 조사결과를 일반화하는데 한계를 가진다. 그러나 다양한 이유로 인하여 확률적 표본추출이 불가능한 경우에 편의추출법은 유용한 대안이 될 수 있다.

ii) 할당표본추출법

모집단이 갖는 특징적 비율을 바탕으로 표본을 추출하는 방법으로 층화표본추출법과 유사하다.

할당은 보통 전체 인구와 같은 비율로 하게 된다. 그러나 상황에 따라서는 특정속성을 갖는 대상을 가중표본추출하기도 한다. 이 경우에 모집단의 특성을 추정하고자 할 때에는 가중치를 다시 부여하여 모집단의 분포와 동일하게 구성해야 한다.

iii) 유의표본추출법

의도적 표본추출법이라고도 하는데, 할당표본추출법에서와 같이 다양한 층안에서 조사원이 할당량을 가질 필요없다. 조사원이 조사대상을 선택함에 있어 자신의 주관적 판단을 사용하여 조사목적에 적합한 대상을 임의대로 선택한다. 즉 조사원의 재량권이 상당히 높다는 특징을 가진다.

그 외에도 비확률적 표본추출법에는 차원적 표본추출법과 눈덩이 표본추출법 등이 활용되고 있다.

2. 통계적 추론

통계 분석의 기본목적은 수집된 자료를 정리하고 요약하여 모집단의 특성을 파악하는데 있다. 통계분석의 궁극적 목적인 모집단 특성 파악의 사전 준비 단계로서 수집된 자료를 표나 그림으로서 기술하는 통계학 영역을 기술 통계학(descriptive statistics)이라 한다. 현실적으로 모집단(population)을 전부 조사하는 것이 불가능하므로 표본(sample)자료로서 모집단을 특성을 이해하는데 이러한 통계과정을 추정통계학(inferential statistics)이라 한다.

추정 통계학에서는 표본의 특성인 통계량(statistics)을 통하여 모집단의 특성인 모수(parameter)를 파악하고자 한다. 모집단은 관측의 대상이 되는 모든 잠재적 관측치이고, 표본은 모집단에서 추출된 관측치의 집합이다. 결국 통계적 추론(statistical inference)은 표본 통계량(sample statistic)을 계산하며 모집단 모수(population parameter)를 추정함으로써 모집단 특성을 도출하는 통계기법이다.

추정 통계학의 가장 중요한 내용은 모평균(μ)이나 모표준편차(σ)와 같은 모수(parameter)를 추정하는 것인데 모집단의 모수값을 알 수 없으므로 모집단에서 추출된 일부의 표본을 바탕으로 모수를 추정한다. 이러한 과정을 귀납적 추론(inference)이라 한다. 이 추론 과정에는 모집단의 모수를 표본 통계량(sample statistics)을 통해 추정하게 되는데 이는 표본평균 분포와 중심극한의 정리(central limit theorem)에 그 기초를 둔다.

표본평균 분포란 모든 분포의 평균을 계산했을 때 생각할 수 있는 표본의 분포이다. 중심극한 정리는 모집단이 정규분포를 따르지 않는다 하여도 표본평균의 분포가 정규분포에 가까운 형태를 취하며, 표본의 크기가 커지면 커질수록 표본 분포는 점점 더 정규분포에 가까워 진다는 것을 의미한다. 특히 표본의 크기가 30개 이상인 경우, 거의 모든 표본평균 분포는 모집단 분포에 관계없이 정규분포 형태를 띠게 된다.

1) 모집단분포와 표본분포

통계적 추정의 목적은 적은 자료를 기초로 추가적인 사실을 알아보고 싶은 욕구에서 시작되었다고 할 수 있다. 여기에서 추가적인 사실의 대상은 결국 모집단(population)을 의미하고 표본(sample)은 모집단의 부분집합이거나 일부가 될 것이다.

이러한 모집단과 표본의 관계를 명확히 하기 위해서는 몇 가지의 확률적 이론에 대한 이해가 선결되어야 한다. 모집단 사건의 집합을 표본공간이라고 본다면 표본으로 뽑힐 관찰 가능한 개체의 전체집합이라고 할 수 있다. 모집단을 구성하는 확률변수의 븐포를 모집단 분포(population distribution)라고 한다. 모집단 전체를 수집하여 모집단 분포를 작성하는 것은 어리석을 수 있다. 따라서 이러한 비경제적인 이유를 고려하여 통계적 방법을 통해 모집단을 대표하는 표본을 추출하게 된다. 이 표본에서의 확률분포를 표본분포(sample distribution)라 한다. 표본이 적절하게 추출되어 모집단을 대표할 수 있다면 확률변수의 표본분포는 모집단분포와 유사한 모양을 보일 것이다. 따라서 어떤 확률변수의 표본분포 특성에 관한 정보는 그 확률변수의 모집단분포 자체에 대한 정보는 아니지만, 두 분포의 유사성에 기초하여 모집단 분포의 특성에 관한 정보로 일반화하여 해석할 수 있으며 바로 이것이 추정과정이 되는 것이다. 이때 고정된 값으로 존재하지만 연구자가 모르고 있어 추정해야할 대상을 모수(parameters)라고 하고 표본분포의 특성을 결정하는 값을 통계량(statistics)이라고 한다.

2) 무작위 표본추출

통계적 추정은 표본이 모집단을 얼마나 대표하고 있는가에 달려있다고 할 수 있다. 무작위 표본추출은 바로 이 점에 관계된 개념이다. 모집단의 분포는 현실적으로 알지 못하는 분포이기 때문에 과연 표본이 모집단을 대표하고 있다고 판단하는 것은 불가능하다. 따라서 결과적으로 표본의 수준을 판단하는 것은 의미가 없으며 표본의 추출과정에 의미를 부여하여 모집단을 대표할 수 있는 표본으로 추출되었다고 판단한다. 모집단을 구성하는 각 개체가 표본으로 추출될 수 있는 확률이 $\frac{1}{N}$로 동일한 일양분포를 보이며 각 개체의 추출은 상호독립적일 때 무작위 표본추출이라고 부르고 있다.

3) 표본집단 분포

통계적 표본추출을 통해 작성되는 통계량들의 분포인 표본분포는 확률변수의 모집단분포에 대한 연구자의 가정이 참일 때, 사전에 정의된 통계량이 표본에서 발생할 가능성에 관한 정보를 제공한다.

따라서 모집단에서 표본을 구하여 평균을 구하는 경우에 표본집단을 늘리면 무수히 많은 표본평균을 구할 수 있다. 어러한 표본평균값들의 분포도 표본분포로 작성할 수 있다. 평균을 구하여 작성된 표본평균 분포의 유용성은 통계적 추론에서 중요한 의미를 가진다. 즉 실제로 연구자들은 하위 표본집단을 무수히 구축하여 그 표본평균을 구하여 표본분포를 작성하지는 않는다. 이것 또한 모집단을 수집하는 것과 같이 비경제적이기 때문이다. 따라서 한번 추출한 표본집단으로 부터 분포이론을 활용해 하위집단의 표본평균이 발생할 확률을 알 수 있다. 즉 연구대상인 모집단에 대한 가설을 세우고 그 가설이 참일 때 평균의 표본분포를 안다는 것은 동일한 표본집단 추출을 무수히 반복한 경우에 기대되는 표본통계량을 알 수 있다는 의미가 되며 확률계산을 위한 기초가 구축된다고 할 수 있다.

[표본평균의 분포]

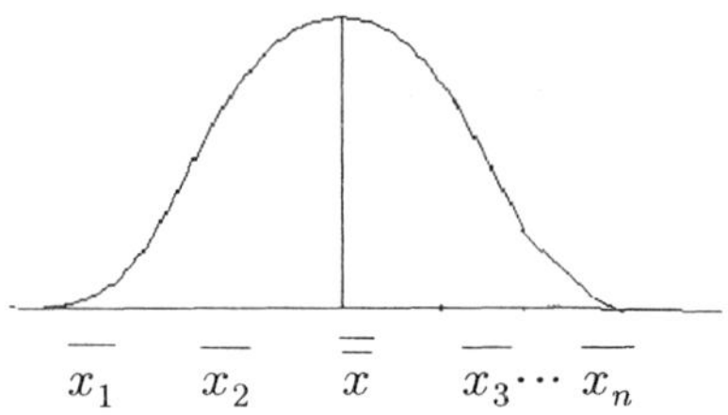

다음과 같은 상황을 예제로 하여 표본 분포의 개념을 알아보자.

[예제 시내버스 도착 시간]

고객들의 입장에서 버스 도착시간이 일정하지 않기 때문에 상당한 어려움을 토로하고 있다. 버스의 도착 시간이 일정하다면 고객들의 시간 낭비를 줄이고 사회전체의 불필요한 비용절감이 이루어 진다는 점에서 지방자치단체에서도 관심을 가지고 있다. 물론 시내버스의 운행거리에 따라서 상당의 편차가 있을 것으로 보이기 때문에 자료 수집에 주의가 필요하다. 여기에서는 한달간 조사된 5대 시내버스를 대상으로 정시 미도착수준을 조사하였다.

[시내버스의 정시 미도착 빈도]

시내버스	정시 미도착 수준
23번 시내버스	2
131번 시내버스	6
11번 시내버스	9
9번 시내버스	4
341번 시내버스	3

(1) 이 모집단의 평균과 표준편차는 얼마인가?

(2) 표본의 크기가 3개일 때 선택가능한 표본과 표본평균 및 표준오차는 얼마인가?

먼저 모집단과 표본의 평균 및 표준편차를 다음과 같이 서로 다른 기호로서 표시된다.

	평균	표준편차
모수	μ	σ
표본 통계량	X	S

(1) 전체 자료수가 5개인 모집단의 평균과 표준편차는 다음과 같이 계산된다.

$\mu = (2+6+9+4+3)/5 = 4.8$

$\sigma^2 = \{(2-4.8)^2 + (6-4.8)^2 + (9-4.8)^2 + (4-4.8)^2 + (3-4.8)^2\}/5 = 7.84+1.44+17.64+0.64+3.24 = 30.8$

(2) 위의 모집단으로부터 표본크기가 3개인 표본을 모두 구성해 보자. 선택 가능한 표의 총수는 조합을 이용한다.

$\frac{5!}{2!\,3!} = 10$개

가 된다. 이 10개의 표본에 대하여 각각의 표본 평균을 계산하고 히스토그램을 그리면 표분평균의 분포를 볼 수 있다. 표본 10개와 그 때의 표본평균을 계산하면 다음과 같다.

[표본의 크기가 3개인 표본과 표본 평균]

번호	표본	표본평균(X)	번호	표본	표본평균(X)
1	2 6 9	5.6	**6**	9 4 3	5.3
2	2 6 4	4	**7**	2 9 4	5
3	2 6 3	3.6	**8**	2 9 3	4.6
4	6 9 4	6.3	**9**	2 4 3	3
5	6 9 3	6	**10**	6 4 3	4.3

표본 평균의 도수분포표는 다음과 같다.

[표본크기가 3개일 때 표본 평균 도수분포표]

표본평균	빈도수
3~4	3
4~5	2
5~6	3
6~7	2
계	**20**

도수분포표의 내용을 바탕으로 경우가 수가 더욱 증가하게 되면 표본분포는 종모양의 정규분포곡선의 형태를 취하게 된다. 이때 모집단이 정규분포를 따르지 않는다 하더라도 표본평균의 분포는 정규분포에 가까운 형태를 취한다. 아래에서 확인되겠지만 표본의 크기가 증가함에 따라 표본 분포는 종모양의 정규분포 곡선과 유사해져 간다. 이는 중심극한 정리(central limit theorem)라고 부르고 있으면 추정통계학의 기초가 된다. 중심극한정리에 따르면 모집단의 분포에 관계없이 표본 수가 일정수준을 넘게되면 정규분포를 보이는 것으로 알려지고 있다. 정리하면 중심극한정리는 평균이 μ이고, 표준편차가 σ인 임의의 모집단에서 크기가 n인 표본을 모두 선택하면, 표본평균 $\overline{X}$는 n이 커짐에 따라 평균이 μ이고 표준편차가 $\frac{\sigma}{\sqrt{n}}$인 정규분포에 가까워지게 된다는 것이다.

중심극한정리에 따라서 표본의 크기가 커질수록 표준오차는 감소하고 모집단이 평균 μ, 표준편차 σ인 정규분표라면, 표본의 크기에 상관없이 표본평균($\overline{x}$)는 평균이 μ이고 표준오차가 $\frac{\sigma}{\sqrt{n}}$인 정규분포를 보이게 된다. 그라고 표본의 크기가 크면, 모집단 분포 속성에 관계없이 표본평균은 정규분포를 이루게 된다.

표본평균 분포의 평균 $\mu_{\overline{x}}$ 는 가능한 모든 표본을 구성한 뒤 이들 표본의 평균 $\overline{x}$를 각각 계산하고 이렇게 계산된 10개 표본평균의 평균값을 의미한다. 따라서 $\mu_{\overline{x}}$는 다음과 같이 계산된다.

$$\mu_{\overline{x}} = \frac{\overline{x_1} + \overline{x_2} + \cdots \overline{x_{10}}}{10}$$

결론적으로 표본평균 분포의 평균 $\mu_{\overline{x}}$는 모집단의 평균과 같다. 그렇다면 표본평균 분포의 표준편차 $\sigma_{\overline{x}}$는 모집단의 표준편차에 비하여 어떨 것인가? 결론적으로 표본평균 분포의 표준편차 $\sigma_{\overline{x}}$는 모집단의 표준편차 σ보다 작다. 모집단 자료에 비하여 표본평균 분포에서의 자료가 보이는 값의 범위(range)는 표본평균의 평균에 모여있게 된다. 따라서 표본평균 분포의 표준편차 $\sigma_{\overline{x}}$가 모집단의 표준편차 σ보다 작다는 것을 알 수 있다. 표본평균 분포에서의 표준편차를 표준오차(standard error)라 한다.

집단 표준편차를 표본의 크기 n의 제곱근으로 나눈 값이다. 수식으로 표현하면 $\sigma_{\overline{x}} = \frac{\sigma}{\sqrt{n}}$이 된다. 따라서 n이 커지면 표본분포의 표준오차는 작아진다. 이상의 내용을 바탕으로 표본평균의 평균과 표준오차를 수식으로 정리하면 다음과 같다.

▶표본평균의 평균은 모집단 평균과 동일하다. $\mu_{\overline{x}} = \mathrm{E}(\overline{\mathrm{x}}) = \mu$

▶표준오차(standard error): 표본평균 분포의 표준편차 $\sigma_{\overline{x}} = \frac{\sigma}{\sqrt{\mathrm{n}}}$ [1)]

3. 추정

모수를 추정하는 방법에는 크게 두 가지로 구분된다. 하나는 모수를 하나의 특정값으로 추정하는 점추정(point estimation)이며, 다른 한 가지는 모수가 포함되어있을 것으로 기대되는 구간으로 추정하는 구간추정(interval estimation)이다. 여기에서 추정량(estimator)은 모수를 추정하는 규칙으로 몇 가지 추정량을 정리하면 다음과 같다.

모평균(μ)의 추정량	표본평균 $\overline{X}$
모분산(σ^2)의 추정량	표본분산 S^2
모표준편차(σ)의 추정량	표본표준편차 S
모비율(p)의 추정량	표본비율 $\hat{p}$

이에 반하여 추정치(estimate)는 하나의 표본에서 결정된 추정량의 값을 의미한다.

▶ 구간추정

모집단에서 무작위적으로 n개의 표본을 선정하고 이들 표본의 각각 평균 분포를 설정하면 표본수가 일정수준을 넘게되었을 때, 모집단 분포에 관계없이 표본평균의 분포는 중심극한정리에 의해 평균이 μ이고 표준오차가 $\frac{\sigma}{\sqrt{n}}$인 정규분포를 보이게 된다. 이때 표본평균 분포에서 표본평균($\overline{X}$)은 μ와 일치하지 않는 것이 일반적이라고 보아야 할 것이고, 그 차이를 표준오차라 부른다. 이러한 과정을 그림으로 표현하면 다음과 같다.

---

1) $\sigma_{\bar{x}} = \frac{\sigma}{\sqrt{n}}$의 유도

$$\sigma_{\bar{x}}^2 = Var\left(\frac{1}{n}(x_1 + x_2 + \cdots + x_n)\right)$$
$$= \frac{1}{n^2}(Var(x_1) + Var(x_2) + \cdots + Var(x_n))$$
$$= \frac{1}{n^2}(\sigma^2 + \sigma^2 + \cdots + \sigma^2) = \frac{\sigma^2}{n}$$

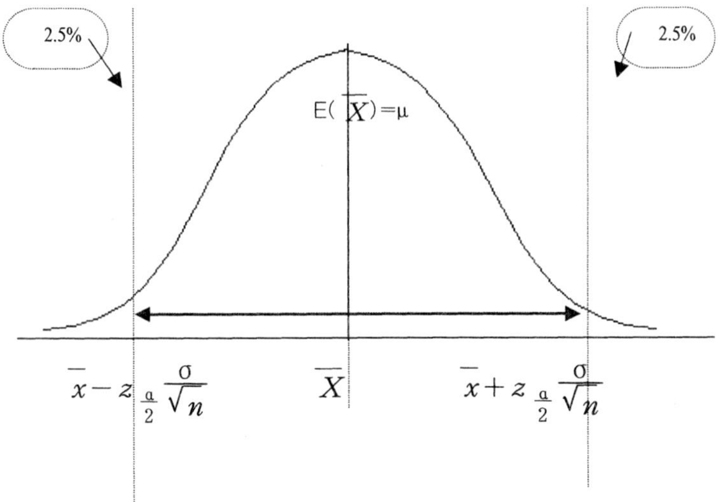

위의 분포에서는 표본평균들의 95%는 1.96 표준오차내에 있다는 것을 의미한다. 이때, 모평균을 알고 있다면 $\overline{X}$의 95% 범위는

$$p(\mu - z_{\frac{\alpha}{2}}\frac{\sigma}{\sqrt{n}} < \overline{\mathrm{X}} < \mu + \mathrm{z}_{\frac{\alpha}{2}}\frac{\sigma}{\sqrt{\mathrm{n}}}) = 95\%$$ 가 된다.

동일하게 μ의 95% 범위는

$$p(\overline{X} - z_{\frac{\alpha}{2}}\frac{\sigma}{\sqrt{n}} < \mu < \overline{\mathrm{X}} + \mathrm{z}_{\frac{\alpha}{2}}\frac{\sigma}{\sqrt{\mathrm{n}}}) = 95\%$$ 가 된다.

이때 이 구간을 신뢰구간이라 한다. 즉 모수가 포함되어 있을 것으로 보이는 구간의 크기가 된다. 신뢰구간은 기본적으로 표본평균을 중심으로 설정되지만 모수를 포함할 수도 있고 그렇지 않을수도 있다. 만약에 모수가 포함하지 않을 확률을 유의수준(α) 이라고 부른다. 반면에 설정된 구간이 모수 즉 모평균을 포함하고 있을 확률을 신뢰수준(1-α)이라고 부른다. 이하에서는 모집단 표준편차가 알려져 있는 경우와 그렇지 않은 경우의 신뢰구간에 대하여 살펴보기로 한다.

1) 모집단의 표준편차 알려져 있을 경우 모평균 신뢰구간

모집단의 표준편차가 알려져 있을 때 신뢰구간은 정규분포에서 Z값을 사용한다. 신뢰수준을 높아지면서 Z값은 커지게되며, 반대로 신뢰수준을 낮아질수록 Z값은 작아지게 된다.

$$\left(\overline{X}-z_{\frac{\alpha}{2}}\frac{\sigma}{\sqrt{n}}, \qquad \overline{X}+z_{\frac{\alpha}{2}}\frac{\sigma}{\sqrt{n}}\right)$$

2) 모집단의 표준편차가 알려져 있지 않은 경우 모평균 신뢰구간

모집단의 표준편차가 알려져 있지 않으면 Z값 대신 t값을 사용하여 신뢰구간을 산정한다. 표본의 수에 따라 일부 조정이 있지만, 대개의 경우에 t값은 Z값에 비하여 크다. 따라서 신뢰구간의 범위도 다소 넓어지게 된다. t분포에서 자유도(df)는 표본의 크기(n)에서 1을 뺀 값이다. 표본의 크기가 크면 t값은 Z값과 거의 같은 값을 가지게 되다.

신뢰구간을 구하기 위하여, σ가 알려져 있지 않으므로 S를 이용하게 된다. 표본 표준편차인 S는 n개의 관찰치를 대상으로 다음과 같이 계산된다.

$$\text{표본표준편차}(s)=\sqrt{\frac{\sum_{i=1}^{n}(x_i-\overline{x})^2}{n-1}}$$

따라서 신뢰구간을 t값을 바탕으로 계산하면,

$$\left(\overline{x}-t_{\frac{\alpha}{2},\ n-1}\frac{s}{\sqrt{n}},\ \overline{x}+t_{\frac{\alpha}{2},\ n-1}\frac{s}{\sqrt{n}}\right)$$ 가 된다.

4. 신뢰구간과 신뢰수준

신뢰구간(confidence interval)은 모수인 평균이 통계량인 표본평균으로 부터 얼마나 떨어질 수 있는가를 나타내는 개념이다. 즉 모수 θ의 값이 구간 $(\hat{\Theta}_L,\ \hat{\Theta}_U)$에 포함되리라는 것을 $(1-\alpha)$100%의 확신할 수 있을 때, $(1-\alpha)$를 신뢰수준이라 하고 $(\hat{\Theta}_L,\ \hat{\Theta}_U)$를 모수 θ에 대한 $(1-\alpha)$100% 신뢰구간이라고 한다. 표본평균에 대한 ±오차한계로 구간을 설정하는데, 오차한계란 신뢰수준에서의 '확률분포값 × 표준오차'로서 표본통계량이 모수에 대하여 얼마나 근접하고 있는가를 보이는 수준이다. 신뢰수준은 대부분의 경우에 95%를 사용하고 있다. 신뢰수준을 나타내는 통계값은 모집단의 분모가 Z분포, t분포, χ^2분포 그리고 F분포 중 어느 분포인가에 따라 달라진다. Z분포는 모집단의 표준편차가 알려져 있을 경우에 사용하고, t분포는 모집단의 표준편차가 알려져 있지 않은 경우 사용하며, χ^2분포는 하나의 정규분포를 가정하고 평균으로 부터의 오차수준 검정을 위한 통계값이다. F분포는 두 정규 모집단의 분산 비율을 계산하는데 사용된다. Z분포는 모집단을 대상으로 산정된 분포이지만 그 외의 분포인 t분포, χ^2분포 그리고 F분포는 표본을 대상으로 하는 확률분포이므로 자유도

(degree of freedom)수준에 따라 통계량에 차이를 보인다. 자유도란 표본추출을 대상으로 통계량을 산정함에 있어 확률변수화 되는 변수 혹은 자료의 갯수를 의미한다.

5. 가설검정

가설검정이란 모집단 특성에 대해 수립된 가설에 대하여 표본자료의 분석을 통해 이 가설을 검정하는 과정이다. 가설에는 귀무가설(null hypothesis : H_0)와 대립가설(alternative hypothesis : H_1 또는 H_A)이 있다. 귀무가설은 모집단이 보일 것으로 판단하고 있는 특성에 대한 주장 혹은 추측을 의미한다. 대부분의 경우에 귀무가설은 자료에 의해 그것이 옳지 않다고 판명될 때까지는 모집단의 특성을 정확히 나타내는 옳은 주장이라고 가정한다. 귀무가설은 수식으로 표현되는 경우에 '=' 를 포함하고 있다. 이와는 반대로, 대립가설은 귀무가설과 반대되는 주장으로서 귀무가설과는 상호 배타적이다. 이 두 가설 중 하나의 가설만이 모집단 특성을 제대로 나타낸다고 본다.

귀무가설을 통해 모집단의 특성을 추정할 때, 오류의 가능성은 존재하기 마련이다. 오류에는 제1종 오류(type I error)와 제2종 오류(type II error)가 있다. 제1종 오류는 바른 모집단의 특성을 틀리다고 잘못 판단하여 기각하는 오류이고, 제2종 오류는 틀린 모집단의 특성을 옳다고 잘못 판단하여 받아들이는 오류이다. 이러한 내용을 그림으로 나타내면 다음과 같다.

[가설검정에서의 오류]

		모집단 특성	
		옳음	틀림
표본특성	옳음	정확	제2종 오류
	틀림	제1종 오류	정확

표본통계량을 바탕으로 정확하게 모집단 특성에 대한 의사결정을 내리고 싶지만, 예측 정확도를 확신할 수는 없으므로 오류수준을 낮출 수 있는 추정을 할 수 밖에 없다.

유의수준(significance level)은 제1종 오류를 범할 가능성의 최저 수준을 의미한다. 제1종 오류에 따른 손실이나 비용이 크면 클수록 오류 허용치는 낮아지게 되고 유의수준은 낮아지게 된다. 5%의 유의수준은 100개 경우에서 5번 까지는 제1종 오류를 허용한다는 의미이지만 1% 유의수준은 단 1번만 제1종 오류를 허용한다는 의미이므로 유의수준이 낮을수록 엄격한 검정이 이루어진다고 보아야 한다. 즉 오류수준을 낮게 책정함으로써 제1종 오류에 따르는 손실과 비용을 최대한 낮추겠다는 의지를 보인다고 할 수 있다. 유의수준 1% 수준에서 귀무가설을 기각하면 올바른 의사결정을 내릴 가능성이 99%이상이라는 것을 의미한다. 제1종 오류를 범할 가능성을 p값이라고 하는데 대개 소수점으로 나타낸다.

6. 가설검정의 절차

1) 절차

설정된 귀무가설 H_0를 채택할 것인지 혹은 기각할 것인지를 판단하는 과정을 의미한다. 모집단의 특성을 파악하기 위해서는 최소한 30개 이상의 표본을 선정한 이후에 정해진 절차에 따라서 가설검정을 수행하게 된다.

i) 귀무가설과 대립가설을 선정해야 한다. 대립가설 즉 연구가설의 유형에 따라서 양측검정과 단측검정을 선택하게 된다.

ii) 유의수준 α를 정한다. 귀무가설이 참인데도 불구하고 기각하는 오류로써 0.05, 0.01, 0.1중에 하나를 정한다.

iii) 유의수준에 대한 임계치를 분포표를 통해 파악한다. 분포표는 분포의 유형에 따라서 t분포표, χ^2분포, F분포 등을 활용한다.

iv) 검정통계량을 각 분포를 고려하여 계산하고 임계치와 비교한다.

v) 귀무가설이 채택되면 귀무가설을 기각할 수 있는 통계적 증거를 찾지 못했다는 식의 완곡한 표현으로 해석해야 한다.

2) 양측검정과 단측검정

추정통계를 수행하면서 가설검정의 목적은 모집단 특성을 바르게 파악하는데 있을 것이다. 결국 모수가 특정값으로 한정되는지, 혹은 일정 수준보다 큰 지, 작은 지를 파악할 필요가 있게 된다. 만약 연구가설에 모수가 일정한 값이거나 혹은 일정한 값이 아니라고 설정되어 있으면 양측검정이라고 부르고 연구가설의 모수가 특정한 값보다 크거나 작다는 식으로 부등호가 포함되어 있다면 단측검정이라고 한다. 단측검정에는 모수가 특정한 값보다 작다고 설정되어 있으면 좌측단측, 모수가 특정한 값보다 크다고 가설이 설정되어 있으면 우측단측검정이라고 한다.

예) 좌측단측검정 $H_0 : \mu = 35$

$H_a : \mu < 35$

우측단측검정 $H_0 : \mu = 35$

$H_a : \mu > 35$

양측 검정 $H_0 : \mu = 35$

$H_a : \mu \neq 35$

§ 척도의 수준 §

사회과학에서의 측정은 범위의 수준이 자연과학에 비하여 훨씬 광범위하다고 볼 수 있다. 측정방법에 따라서 사용할 수 있는 척도의 수준이 정해져 있다는 점에서 척도 수준에 대한 면밀한 이해가 필요한 것도 이런 이유 때문이다. 측정척도는 순서의 유무, 간격의 일정성, 절대영점 개념 유무에 따라서 크게 4가지로 구분된다.

ⅰ) 명목척도

명목척도는 가장 낮은 수준의 측정 척도이며 범주형으로 구분되는 척도이다. 범주는 상호배타성을 가진다. 자료의 특성은 질적이며 이산자료의 성격을 가진다. 예를 들어 성별의 경우에 남성과 여성을 각각 1과 2로 구분하는 경우가 된다. 따라서 앞서 살핀 척도구분의 기준인 순서의 유무, 간격의 일정성, 절대영점 개념 유무에서 한 가지도 해당이 없는 척도이다. 따라서 평균을 구할 수 없고 빈도와 비율과 같은 자료 요약으로만 활용된다.

ⅱ) 순서척도

순서척도는 서열척도라고도 불리며 범주와 범주사이에 순서 혹은 서열이 존재하는 척도이다. 예를 들어 크기를 대·중·소로 구분하거나 청년층·장년층·노년층으로 연령대를 구분하는 경우가 된다. 순서척도로 수집된 자료는 척도간격이 일정하지 못하기 때문에 산술적 연산에 한계가 있다 명목척도에 추가적인 기술통계량을 구할 수 있지만 모집단을 추정하는데는 제한적으로 사용된다.

실제 자료를 수집하고 분석함에 있어 명목척도와 순서척도를 구분하는 것은 상당한 어려움이 있기 때문에 이 두가지의 척도를 비모수 척도라 부르고 동일한 수준으로 처리하는 것이 보편적이다.

ⅲ) 등간척도

등간척도는 척도의 간격이 동일하다는 가정을 충족하는 척도수준이며 순서척도에서 구할 수 있는 통계량에 평균과 분산과 같은 자료를 추가적으로 계산할 수 있다. 자료의 수준이 등간척도 이상인 경우에 모수자료라 칭하고 모수통계분석을 수행하게 된다.

특징적인 면은 등간척도에서의 영점은 임의로 정한 수준이므로 물리학적인 의미의 절대영점의 의미를 가지지는 않는다. 따라서 만족도 수준이 0이라고 하여 만족이 전혀 없는것이 아니라 아주 낮음을 의미하는 것이다. 이런 의미에서 상당수의 심리학적 연구(psychometric research)들은 순서 척도를 이용하고 있다고 보아야 하지만 등간척도라 가정하고 분석을 수행하는 것이다. 대표적으로 리커트

척도(Likert scale)가 이에 해당한다. 모수 통계기법을 이용하기 위한 궁여지책이라고 할 수 있다.

ⅳ) 비율척도

등간척도의 특성에 추가적으로 물리학적 절대영점의 개념이 포함되어 있는 척도수준이다. 예를 들어 시간의 경우에 0시간은 시간 자체의 무존재성을 의미하고 있다. 따라서 비율척도에서는 명목, 순서, 등간척도에서 적용할 수 있는 모든 통계적 기법을 적용할 수 있으며 경우에 따라서는 척도를 변환하여 하위의 수준으로 수정도 가능하다.

2장. SPSS의 실행

2장. SPSS의 실행

윈도우프로그램 관리자안에 SPSS프로그램 아이콘 그룹이 만들어져 있다고 가정하자. SPSS를 실행하기 위해서는 SPSS아이콘을 마우스로 두번 연속 클릭하면 된다.

[SPSS프로그램 아이콘]

SPSSWIN 14.0k가 실행되면, 다음과 같은 초기화면이 나타난다.

[SPSS 14.0 k 초기화면]

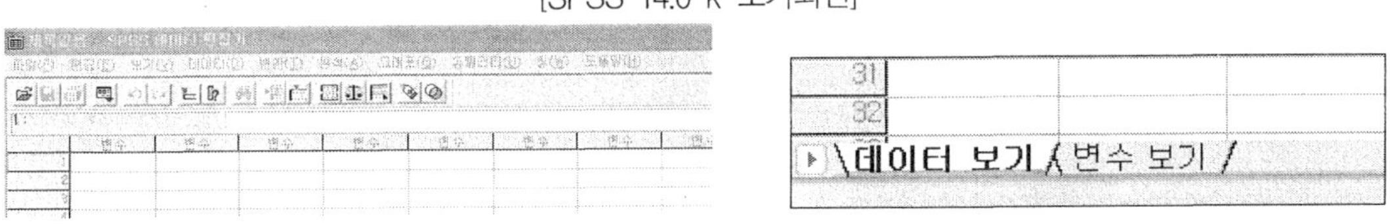

SPSS 7.0부터는 SPSS 데이터 보기(데이터 편집창) 하나만이 열리게 되며 여기에 직접 데이터를 입력하였다. 최근의 10.0 버전에서 부터는 '데이터 보기'와 '변수 보기'로 구분하여 자료의 입력 및 변수의 정의를 구분하고 있다.

1. SPSS 데이터 보기(SPSS14.0)

SPSSWIN 14.0에는 기본적으로 10개의 메뉴가 들어있으며 어떤 작업중이더라도 메뉴를 선택할 수 있다. 본서에서 메뉴와 서브메뉴, 그리고 기타 하위 절차의 선택은 화살표를 사용하여 선택단계를 시각적으로 나타낸다. 예를 들어, 파일 선택 → 열기 선택 → 데이터 선택은 다음과 같이 표시된다.

파일 ——→ 열기 ——→ 데이터

2. 자료의 입력

자료의 입력방법은 SPSS 데이터 보기에서 직접자료를 입력하거나 EXCEL프로그램과 같이 SPSS 외부에서 작성된 자료파일을 불러들이는 방법 등 두 가지가 있다. 각 방법을 간략히 설명하면 다음과 같다.

(1) 직접입력

파일 ——→ 새로만들기 ——→ 데이터

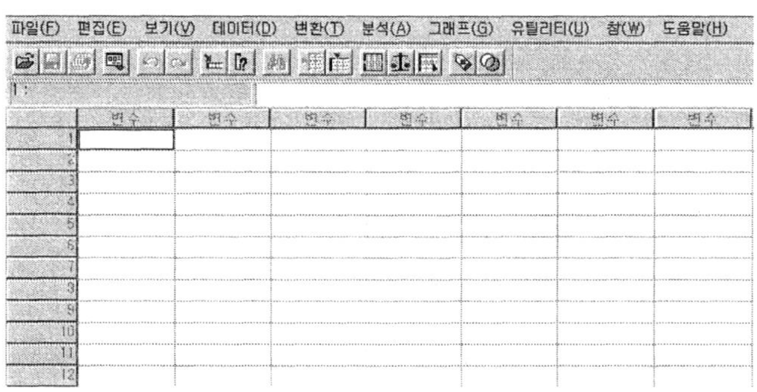

각 셀에 해당하는 자료를 입력한 후 변수의 이름을 붙이기 위한 <변수보기>창은 다음과 같다.

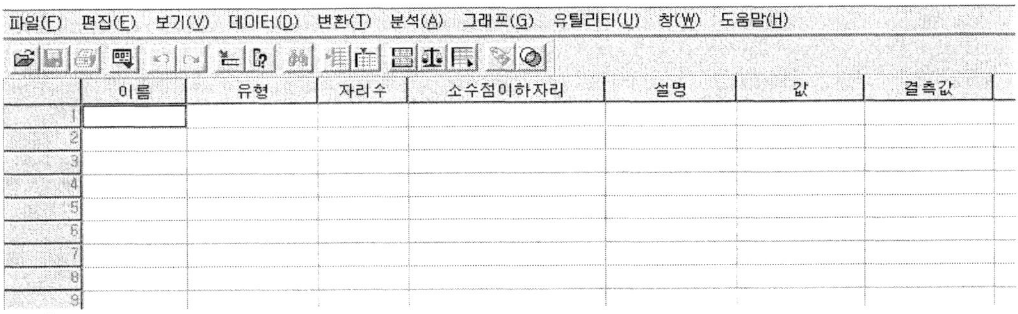

i) 변수명 : 디폴트는 var00001과 같이 접두어 var과 5자리 숫자가 합하여진 모습이다. 텍스트 상자에서 원하는 변수이름, 예를 들면 'company' 또는 한글로 '회사이름'이라고 입력한다.

ii) 변수정의

[변수 정의]

키워드	키워드의 내용
숫자형	숫자 데이터
콤마	부호로 시작되는 천 단위마다 콤미를 붙인 숫자 데이타. 콤미를 입력하지 않아도 자동으로 붙여진다.
점	부호로 시작되는 천 단위마다 콤마를 붙인 숫자 데이타. 콤마를 입력하지 않아도 자동으로 붙여진다.
지수표기	숫자나 E, D를 포함한 과학적인 숫자(예 : 123, 123E3, 123D3, 123+3, 123-3, 그리고 123E+3)
날짜	날짜나 시간중 어느 하나를 선택하여야 한다.
달러	미화 달러표시 숫자. 천 단위마다 콤마를 붙인다.
사용자통화	미화 달러 이외의 화폐단위를 표시한다.
문자형	문자, 숫자, 특수문자 등을 표시한다.
범위	데이타의 길이를 지정한다. 소수점도 포함된다.
소수점	소수점의 위치를 지정한다. 2라고 지정하면 소수 두 자리라는 의미이다(기본 설정)

iii) 설명(Variable Label) : 변수명칭, 변수이름(variable name)과 달리 내용을 긴 글자로 설명할 때 사용됨. 설명은 한글 60자, 영문 180자까지 가능. 변수값(value)은 한글 30자, 영문 60자까지 가능.

iv) 결측값(Missing Values) : 무응답치와 코딩과정에서 오류된 자료가 미입력된 경우에 결측치라고 부른다. SPSS에서 결측치 정의방법을 크게 시스템 결측치와 사용자 결측치 방법으로 설정하게 되어있다.

[결측치의 정의]

옵션키워드	선택결과 내용
결측치 없음	사용자 무응답치가 없음을 지정한 것이다. 모든 변수들이 타당한 것으로 처리된다(기본설정).
○ 이산형 결측값	변수에 대해 3개까지의 이산적(개별적)인 사용자 무응답치를 입력할 수 있다. 수치 변수들에 대한 이산적 무응답치를 정의 할 수도 있다.
○ 한 개의 선택적 이산형 결측값을 더할 범위	낮은 값에서부터 높은 값까지의 모든 값뿐만아니라 범위 밖의 추가적인 값들도 무응답치로 처리된다.

(2) EXCEL 파일 불러오기

EXCEL 파일을 SPSS으로 옮기기 위해서는 EXCEL에서 파일을 저장할 때 저장 형식을 '다른이름으로 저장'을 선택한 후 *.xls 형식으로 저장한다. 다만 SPSS에서 엑셀 파일을 읽어 들이는 과정에서 주의가 필요하다.

[엑셀파일 불러오기 활성창]

다만 엑셀파일을 불러오는 경우에 다음과 같은 경고창이 나타날 수 있으므로 반드시 엑셀 프로그램이나 작업중인 파일을 닫은 후 파일을 불러들여야 한다.

[엑셀 파일 불러들이기에서의 경고창]

이어서 엑셀파일을 SPSS 데이터파일을 저장을 한다. 이때 .sav확장자를 가진 파일이름으로 저장된다.

3. 자료의 저장

새로운 자료가 데이터보기 창에 입력된 경우에 이미 지정한 파일이름으로 저장할 때의 절차는 다음과 같다. 자료의 저장 결과 파일이름은 .sav이라는 확장자를 갖는다. 자료를 통계처리하여 그 결과(output)를 저장할 때 그 결과 파일은 .spo라는 확장자를 갖는다. 저장된 자료 파일은 파일 → 인쇄 메뉴로 인쇄할 수 있다.

4. 통계처리

(1) 통계 메뉴 선택

SPSS에서 모든 통계처리는 분석메뉴에 포함되어 있다. 여기에는 회귀분석이나 상관관계분석등 여러 하위메뉴들이 있으며 각 하위메뉴에는 여러 형태의 세부적인 통계 메뉴들이 또 전개된다. 예를 들면, 상관분석 → 이변량 상관계수를 선택하면 상관관계분석 중 두 변수간의 상관관계 분석처리를 수행할 수 있다. 이 절차를 순서대로 열거하면 다음과 같다.

(2) 변수 선택

수행하고자 하는 분석방법을 '분석'메뉴에서 선택하고 난 다음에 분석할 변수를 선택하여야 한다. 변수 선택은 각 통계처리메뉴 화면의 왼쪽 변수 목록 상자에서 해당 변수를 마우스로 클릭하여 반전시킨 다음 오른쪽 푸쉬 버튼( )을 누르면 된다. 선택된 변수는 오른쪽 가운데 있는 분석용 변수 목록 상자로 옮겨진다. 일단 선택된 변수를 통계분석에서 제외시키려면 그 변수를 마우스로 클릭하여 반전시킨 다음, 왼쪽 푸쉬 버튼( )을 누르면 된다. 제외된 변수는 다시 왼쪽의 변수목록상자로 되돌아 간다.

(3) 실행

변수가 선택되고 여러 가지 옵션 그리고 통계치가 선택되면 화면 오른쪽 맨위의 확인'버튼을 누른다. 각 분석방법별로 반드시 포함되어야 할 분석구성요소와 변수가 포함되어야만 '확인'버튼이 반전된다. 확인'버튼 선택 결과 통계처리가 진행되면서 잠시 시간이 경과된다. 실행이 완료되면 그 결과가 결과물 창에 나타난다. 이러한 통계분석결과는 인쇄 되거나 별도의 파일에 저장된다. 결과를 별도의 파일에 저장하면 *.spo라는 확장자가 파일이름 뒤에 붙는다.

(4) 결과 인쇄

인쇄 절차는 메뉴에서 '파일'을 선택한 후 '인쇄'를 선택한다.

5. Output(결과)윈도우 설명

통계 분석 결과 윈도우는 다음과 같다.

[Output 윈도우]

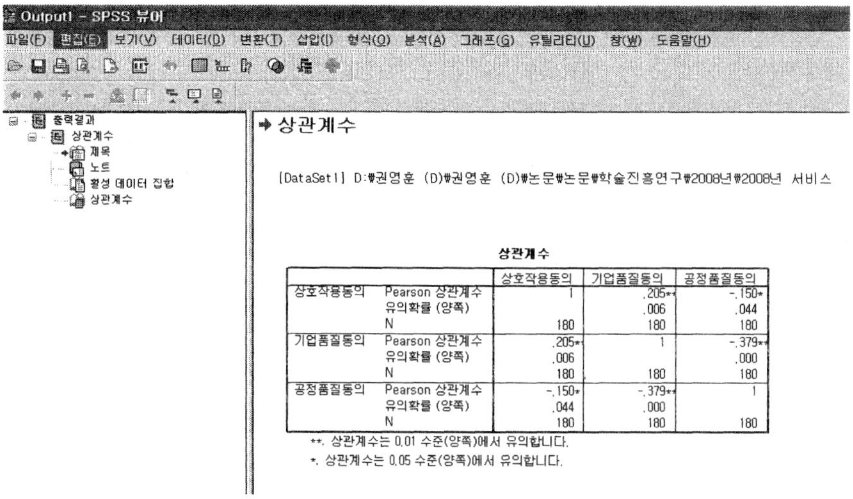

6. SPSSWIN 종료

SPSSWIN에서 종료하기 위해서는 메뉴에서 '파일'을 선택한 다음 다시 '종료'를 선택한다. SPSSWIN이 종료되기 전에 현재 열려있는 창 (예를 들어 output1)의 내용을 저장할 것인지를 묻는다.

[SPSS 종료에서의 자료의 저장]

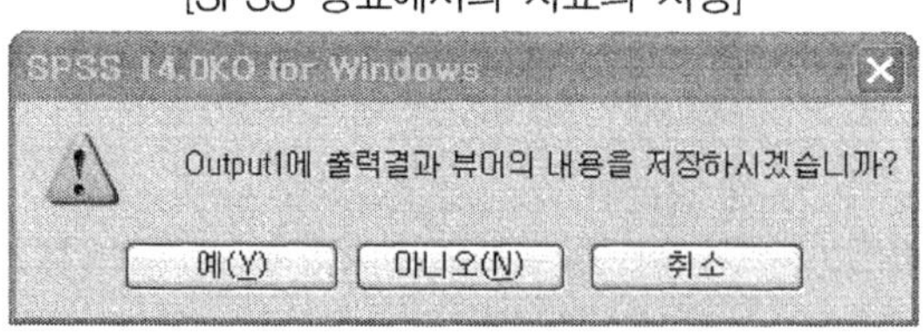

필요한 경우에 자료 혹은 결과물을 저장하고 종료한다.

7. 데이터 파일 열기

자료가 입력되어 파일형식을 구성되어져 있는 데이터 파일을 열기 위한 절차는 다음과 같다.

SPSS 절차

파일 ——→ 열기 ——→ 데이터

이 결과 다음과 같은 데이터 열기 창이 나타난다

[데이터 파일 열기 대화상자]

파일 형식 이름[N]:

다양한 형태의 데이터 형식을 지원하고 있으며 디폴트는 현재 사용중인 SPSS의 데이터 형식인 *.sav 확장자를 가진 파일이다. 주요 파일형식의 특징은 다음과 같다.

파일형식[T]	파일형식의 설명
SPSS [*.sav]	SPSSWIN, SPSSUNIX, SPSSPC로 작성한 .sav 확장자를 갖는다.
SPSS portable[*.por]	Macintosh, Unix 와 같은 DOS로 작성한 Portable SPSS로 작성한 파일로서 .por 확장자를 갖는다.
Excel [*.xls]	MicroSoft Excel 스프레드시트로 작성한 파일로서 .xls 확장자를 갖는다
Lotus [*.w*]	Lotus 1-2-3 스프레드시트 중 Releases 1A, 2.0 또는 3.0으로 작성한 파일로서 .wk 확장자를 갖는다.
SYLK [*.slk]	SYLK(symbolic link)로 작성된 Microsoft Excel Multiplan 스프레드시트의 파일로서 .slk 확장자를 갖는다.
dBASE [*.dbf]	Ashton-Tate dBASE Ⅱ, Ⅲ 그리고 Ⅳ데이터베이스로 작성된 파일로서 .dbf 확장자를 갖는다.
Tab-delimited[*.dat]	탭기능을 이용하여 작성된 변수들의 ASCII 텍스트 파일로서 .dat 확장자를 갖는다.

8. 텍스트 파일 읽어들이기

ASCII 형식으로 텍스트 파일 [*. txt]을 읽어 들이기 위한 절차는 다음과 같다.

SPSS 절차

파일 ⟶ 텍스트데이터 읽기

총 6단계에 걸쳐서 텍스트자료를 SPSS데이터로 변환하며, 각 단계는 다음의 그림과 같은 최초 저장된 텍스트파일을 불러들이는 과정에서 시작된다.

[텍스트 파일 불러오기]

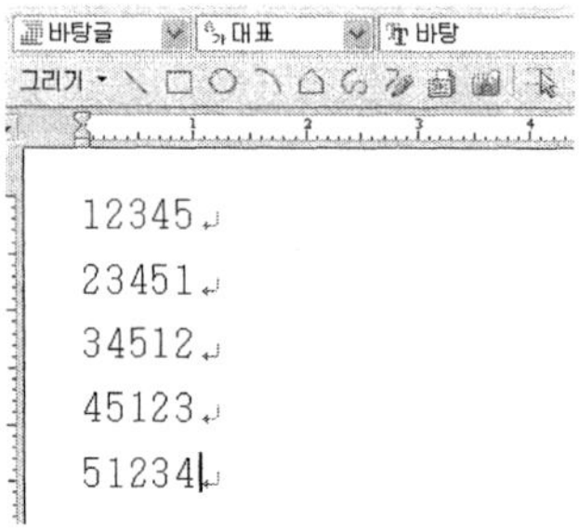

i) 고정너비로 배열: 각 측정값들을 사전 에 설정한 자리수를 고정하고 입력하는 방법으로 보편적인 입력방식이다.

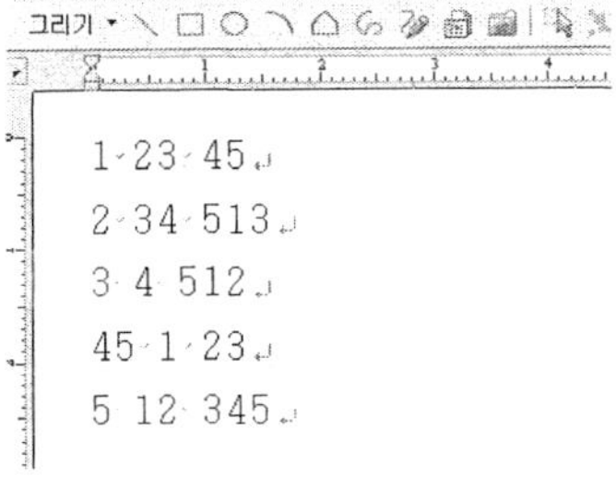

ii) 구분자에 의한 배열: 공백이나 구분자를 이용해 변수값들을 구분하는 입력방식이다.

① 1단계

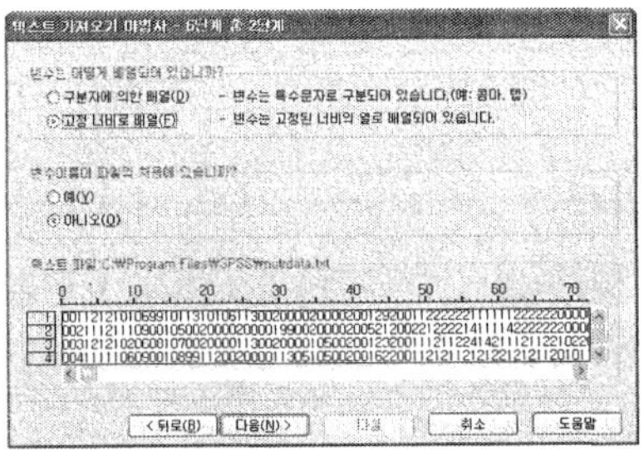

자료를 확인하고 과거에 동일한 포맷의 자료를 변환하였고 그 과정을 저장해 두었는지 확인하는 단계이다.

② 2단계

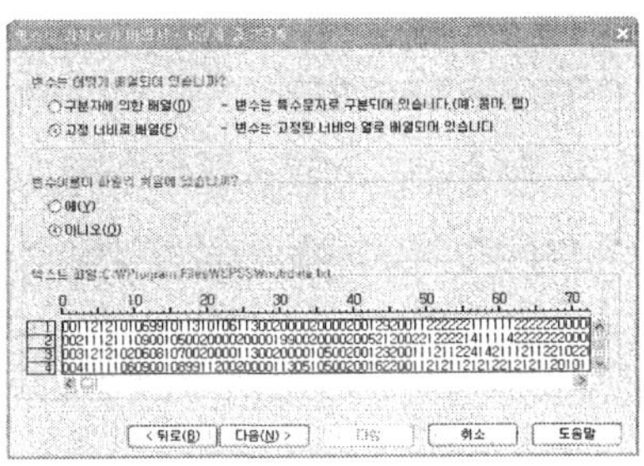

기존 입력자료가 고정너비로 배열되었는지, 구분자에 의해 배열되어있는지 확인한다. 직접입력하는 경우에는 고정너비 배열을 권고한다.

③ 3단계

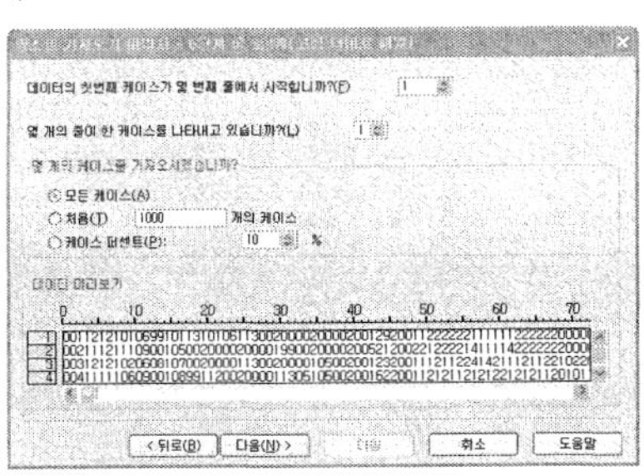

데이터가 시작되는 줄의 위치와 각 입력자료가 케이스가 어떻게 매치되는지 확인할 수 있고 SPSS 자료로 변환할 자료의 수를 확인할 수 있다.

④ 4단계

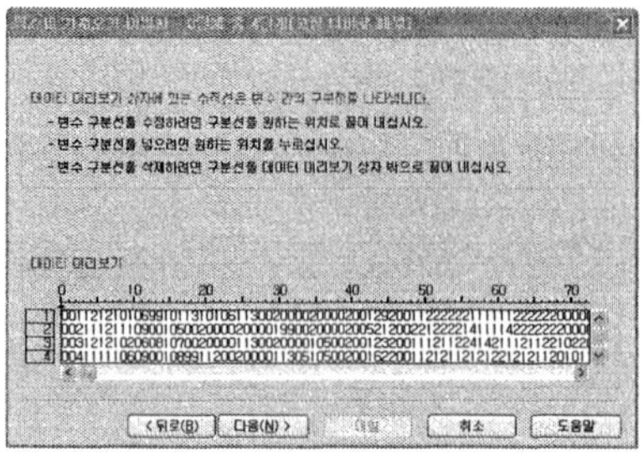

변수로 구분될 수준을 확인하는 과정이다. 변수로 구분하고자 하는 자료의 경우에는 마우스로 자료창에서 클릭한다. 변수화과정을 취소할 경우에는 ▲를 클릭한다.

⑤ 5단계

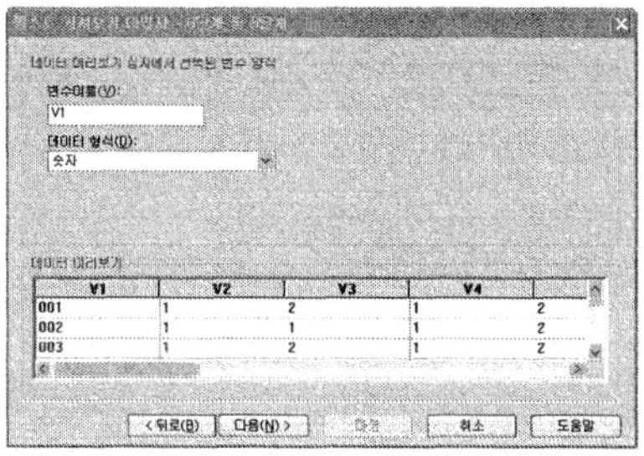

변수명과 데이터 형식을 지정한다. 대부분의 경우에는 5단계를 지나치고 자료변환이 완료된 후 변수보기창에서 일괄적으로 수정하는 방식을 취한다.

⑥ 6단계

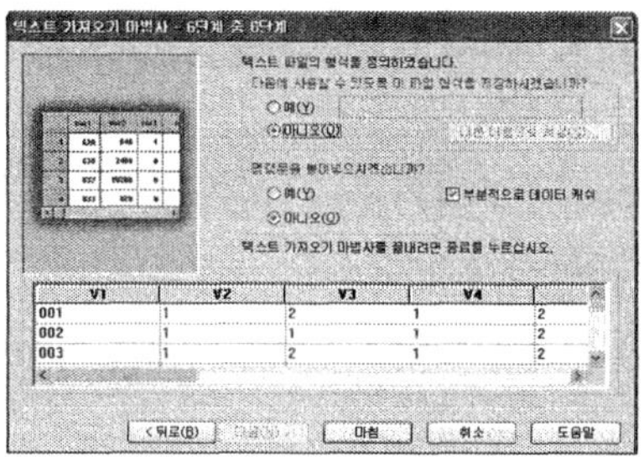

5단계까지의 자료변화과정을 저장하여 동일한 포맷의 자료를 변환하고자 할 때 사용할 수 있다.

9. 데이터의 복사 및 삭제

복사 혹은 잘라내기 하고자 하는 셀이나 영역을 지정한다. 이후에 편집 → 붙이기 메뉴를 활용해 데이터의 복사과정을 완료한다.

10. 케이스 선택

데이터에서 조건에 맞는 자료만을 선택하기 위해 조건식 (If)을 사용한다. 조건식을 나타내기 위한 과정은 다음과 같다.

SPSS 절차

데이터 ⟶ 케이스선택

[케이스 선택 메뉴]

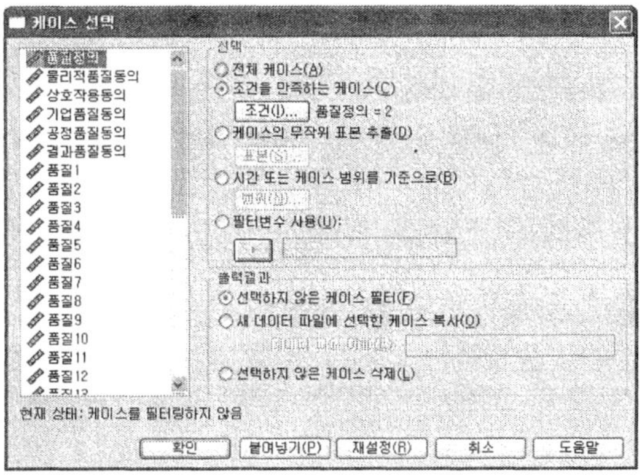

케이스 선택을 위해서는 조건 창에서 케이스 선택을 위한 조건을 함수 혹은 산술식 형태로 제시하여야 한다.

[케이스 조건의 제시]

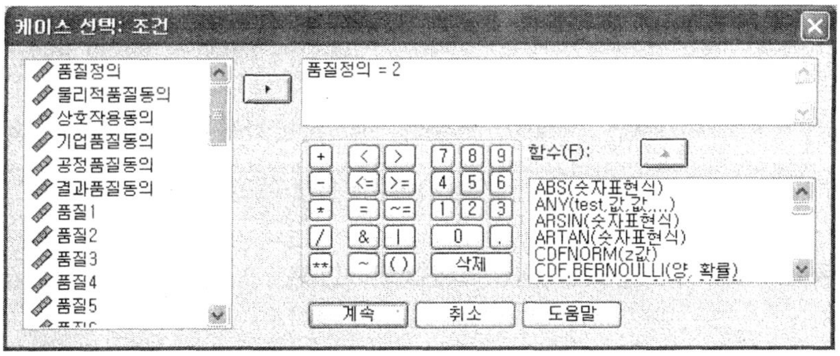

11. 케이스의 추가 및 삭제

케이스 추가는 데이터 보기 창에서 새로운 행을 추가하는 것이다.

i) 추가하고자 하는 케이스에 마우스를 두고,

SPSS 절차

데이터 ⟶ 케이스삽입

을 선택한다.

ii) 각 셀에 케이스의 데이터를 입력한다.

케이스의 삭제를 위해서는 삭제하고자 하는 케이스의 번호를 선택하여 마우스로 반전하고 잘라내기 혹은 삭제를 실행한다.

12. 변수(Variable)의 추가, 삭제 및 이동

변수의 추가, 삭제 및 이동은 바로 열(column)의 추가, 삭제 및 이동이다.

(1) 변수 추가 절차

SPSS 절차

데이터 ⟶ 변수삽입

이 과정을 통하여 각 셀에 있는 새로운 열이 공란으로 추가된다.

변수를 삭제하고 하는 경우에는 삭제하고자 하는 변수명을 선택하여 키보드의 Del이나 마우스의 오른쪽 버튼을 선택후 제시된 팝업창에서 지우기를 선택한다.

(2) 변수 이동 절차

① 이동하고자 하는 변수를 마우스로 지정하여 그 열을 반전시킨 후 복사한다.

② 이동하고자 하는 위치로 마우스를 옮긴후 붙여넣기한다.

13. 변수명이 같은 측정치의 파일 결합(케이스 추가)

동일한 변수명을 포함하는 파일을 합치는 절차는 다음과 같다. 우선 C:\data 1.sav와 C:\data 2.sav의 파일이 동일한 변수를 포함한다고 가정한다.

SPSS 절차

데이터 ──▶ 파일합치기 ──▶ 케이스추가

C:\data 1.sav

	X1	X2
1	1	11
2	2	12
3	3	13

\+

C:\data 2.sav

	X1	X2
1	4	14
2	5	15

=

C:\data 12.sav

	X1	X2
	1	11
	2	12
	3	13
	4	14
	5	15

[파일합치기 (케이스 추가)]

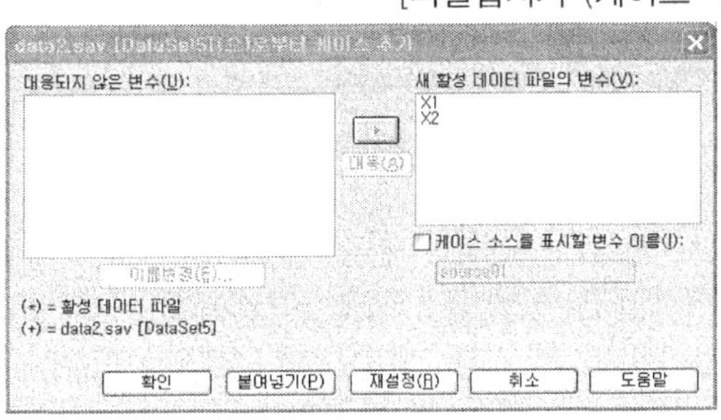

	X1	X2
1	1.00	11.00
2	2.00	12.00
3	3.00	13.00
4	4.00	14.00
5	5.00	15.00

동일한 변수명을 보이고 있으므로 대응되지 않는 변수는 비어있으며 X1, X2가 활성 데이터파일의 변수로 자동 선택된다. 일부의 변수가 동일한 경우에는 선택되는 변수를 사용자가 지정할 수 있다.

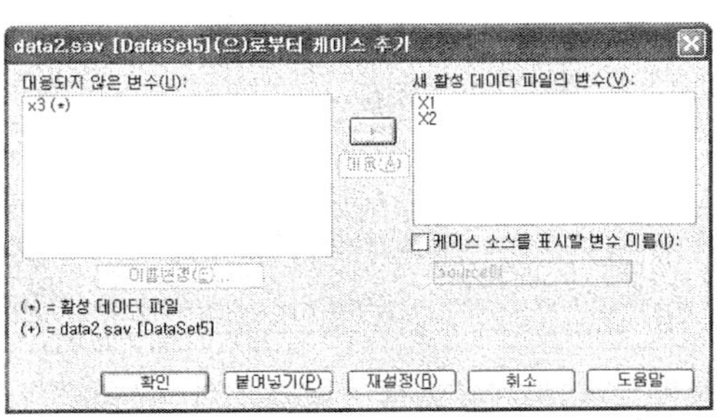

	X1	X2	x3
1	1.00	11.00	11.00
2	2.00	12.00	15.00
3	3.00	13.00	14.00
4	4.00	14.00	13.00
5	5.00	15.00	5.00
6	4.00	14.00	.
7	5.00	15.00	.

위에서처럼, 변수명이 동일하지 않는 경우인데, X3의 변수에 (*)되어 있고 대응되지 않는 변수로 표기되어있다. 이 변수를 활성데티터 파일의 변수로 포함하는 경우에 파일의 구조는 동일 변수들만 있는 경우와 다소 상이한 모습을 보이고 있다.

14. 변수명이 다른 관측치의 파일 결합

다음과 같이 변수명이 다른 파일 C:\data 3.sav와 C:\data 4.sav를 결합하여 새로운 파일 C:\data 34.sav를 만든다고 하자.

C:\data 3.sav

	X1	X2
1	1	11
2	2	12
3	3	13

+

C:\data 4.sav

	X3	X4
1	21	31
2	22	32
3	23	33

=

C:\data 34.sav

	X1	X2	X3	X4
1	1	11	21	31
2	2	12	22	32
3	3	13	23	33

현재 열려 있는 파일 C:\data 3.sav에 새로운 파일 C:\data 4.sav를 결합하기 위한 절차는 다음과 같다.

SPSS 절차

데이터 ⟶ 파일합치기 ⟶ 변수추가

그 결과 아래 [그림]과 같이 할성데이터파일 영역에 data4파일에서의 변수들이 추가되어 자동 기입된다.

[변수추가 창]

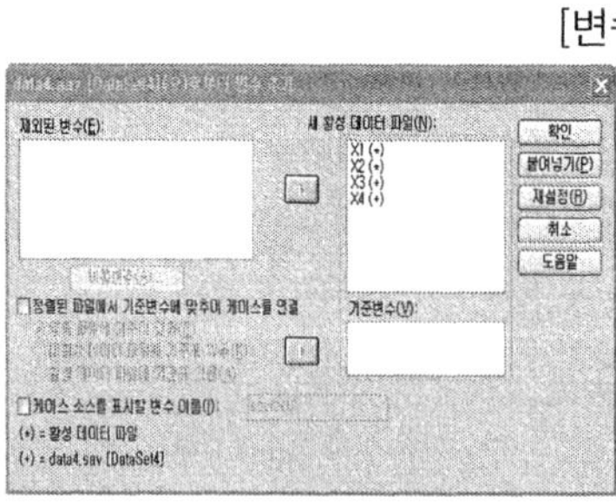

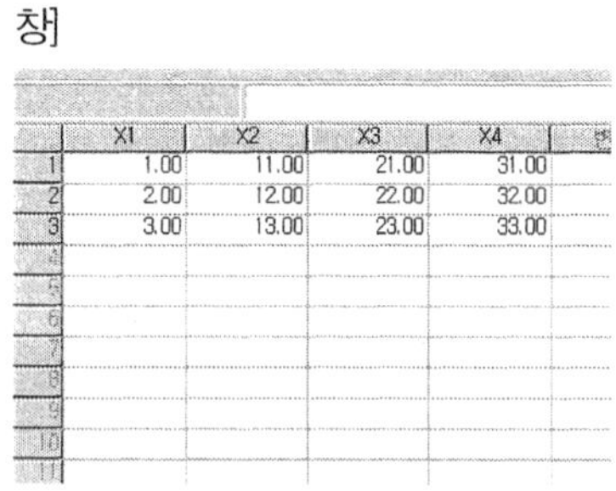

위에서 기존파일 C:\data 3.sav의 변수들은 [*]로 표시되어 나타나고 결합하는 파일 C:\data 4.sav의 변수들은 [+]로 표시되어 나타난다. 곧이어 '확인' 버튼을 선택하면 두 파일의 결합은 완료된다. 마지막으로 새로운 파일명으로 파일을 저장한다.

15. 코딩변경

코딩변경은 기존에 입력된 비율척도나 등간척도 자료를 범주형 자료로 변환하는 작업이다. 코딩변경은 기존 변수의 변수값을 변경하여 새로운 변수로 만들거나 기존변수들의 변수값 자체를 변경할 수 있다. 다음과 같이 이용기간을 10이하를 1, 10~20 사이를 2, 그리고 20 이상을 3으로 코딩변경하는 과정을 수행한다.

SPSS 절차

변환 ——→ 코딩변경 ——→ 새로운 변수로

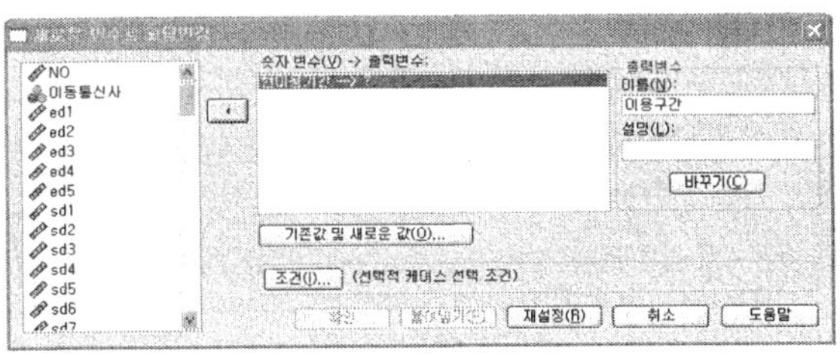

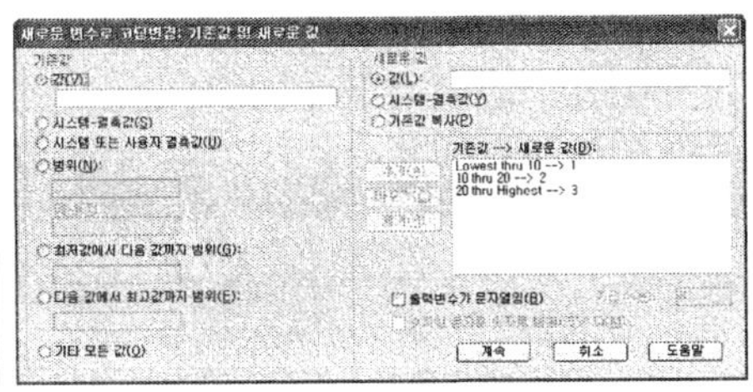

① 새로운 변수로 코딩변경 창에서 출력변수를 위해 이름에 '이용구간'을 기입후 바꾸기를 선택한다.

② '기존값 및 새로운 값'을 선택후 각 구간에 대하여 새로운 값에서 각각 1,2,3을 선택후 '추가'를 선택한다.

③ 입력이 끝난 후 '계속' 버튼 선택

다만 코딩변경에서 '같은 변수로' 코딩변경하는 경우에는 기존 변수의 측정값이 변경을 수행하는 과정이므로 주의가 필요하다.

16. 변수값 계산

변수값 계산(compute)은 기존 코딩작업 완료된 변수들간을 대상으로 다양한 산술연산과 함수를 활용하여 새로운 변수를 만드는 작업이다. SPSSWIN 프로그램에서 이 기능의 수행은 변수계산 메뉴를 활용한다.

다음과 같이 변수 X1과 X2을 평균하여 평균값을 나타내는 새로운 변수 '평균'을 만드는 과정을 설명해보자.

	X1	X2
1	7	4
2	9	8
3	6	6
4	8	9
5	4	6

→ 계 산

	AVG
1	3
2	4
3	5
4	6
5	7

SPSS 절차

데이터 ──→ 변수계산

이 결과 '변수계산' 대화상자가 열린다.

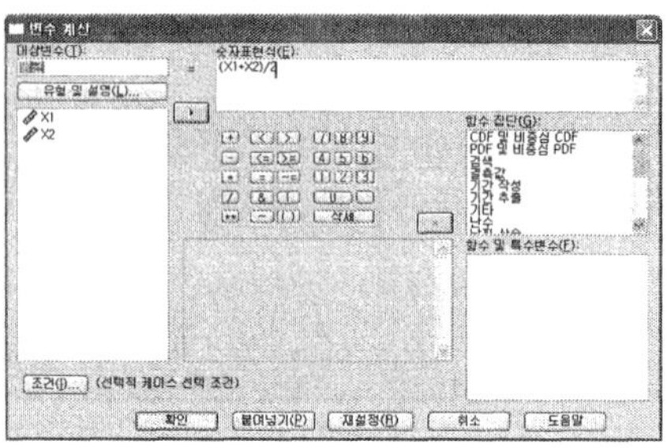

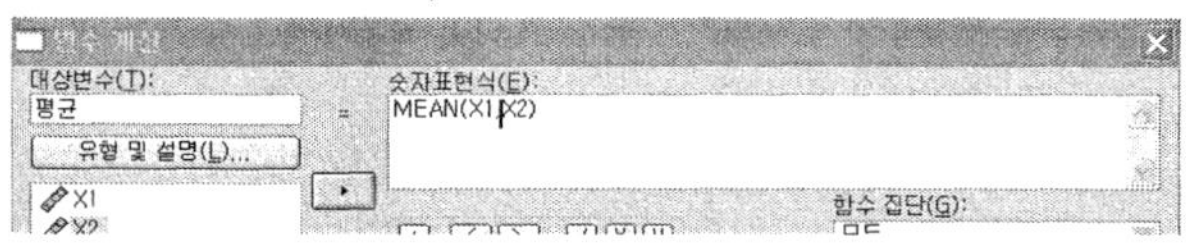

이상의 변수계산 창에서 '숫자표현식' 란에 산술연산식으로 표현하거나 평균을 구하는 함수인 mean을 사용하여 새로운 변수를 구할 수 있다.

17. 결과물 편집하기

1) 피벗트레이 활용하기

대부분의 SPSS 결과물은 표로 작성되어져 있기 때문에 표에 대한 적절한 편집과정이 필요하다. 피벗트레이를 활용하기 위해서는 해당 표를 편집대상으로 선택하여야 한다.

SPSS 절차

피벗 ──→ 피벗트레이

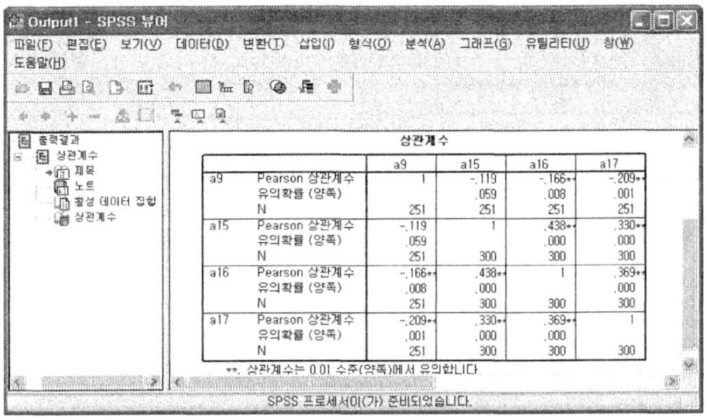

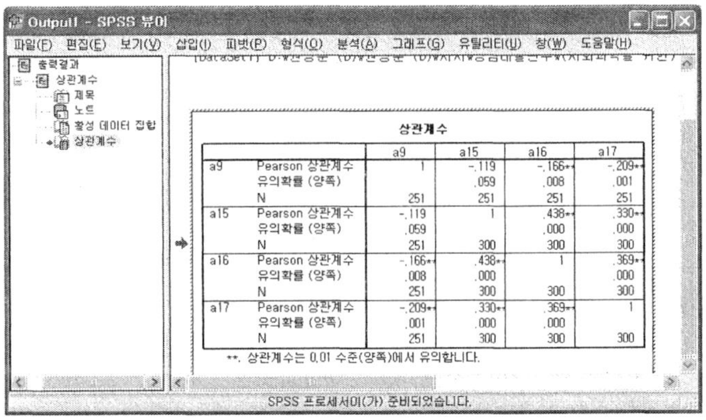

위의 두 그림에서 파악할 수 있듯이, 피벗작업을 수행할 표를 더블 클리하면 메뉴의 변화가 있게 된다. 이어 피벗트레이를 선택한다.

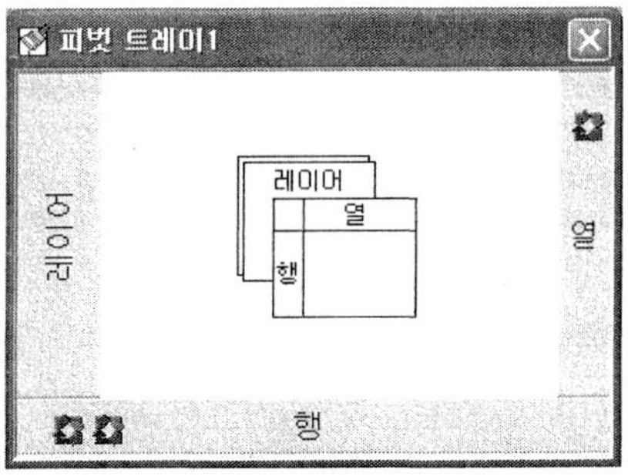

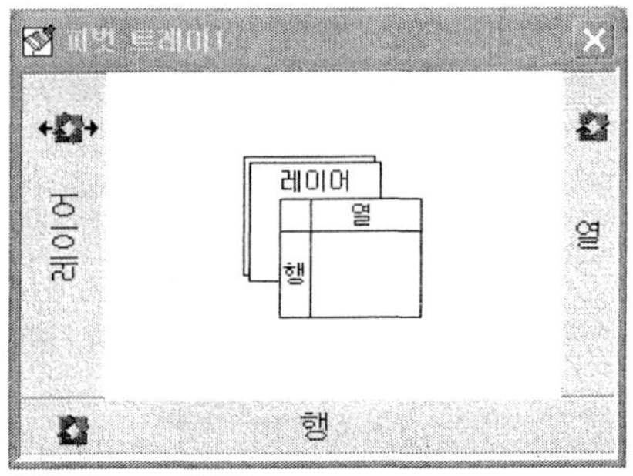

이어서 행의 차원을 선택하여 레이어로 이동한다. 이러한 과정을 통해 원하는 통계량 등을 선정하면 전체 자료를 요약하고 연구자가 필요로 하는 결과물만 취할 수 있게 된다.

상관계수

통계량: Pearson 상관계수

	a9	a15	a16	a17
a9	1	-.119	-.166**	-.209**
a15	-.119	1	.438**	.330**
a16	-.166**	.438**	1	.369**
a17	-.209**	.330**	.369**	1

**. 상관계수는 0.01 수준(양쪽)에서 유의합니다.

상관계수

통계량: 유의확률 (양쪽)

	a9	a15	a16	a17
a9		.059	.008	.001
a15	.059		.000	.000
a16	.008	.000		.000
a17	.001	.000	.000	

동일한 방법으로 레이어의 열로 이동하게 되면 자료의 배열 순서를 변경할 수 있다.

2) 결과물 내보내기

통계작업을 수행한 후 결과물을 워드 프로세스로 보낼 수 없다면 당혹스러운 상황이 될 것이다. 실제로 SPSS 결과물은 표로 출력되는 경우가 대부분인데, 워드 프로세스로 이동할 때 순조롭지 않은 결과가 나타나기도 한다. 개체복사 기능이 있지만 내용물을 수정할 수 없다는 한계를 가진다. 이럴 때 원활하게 자료를 이동시키기 위해서는 내보내기 기능을 이용할 수 있다.

SPSS 절차

팝업창 ───▶ 내보내기

우선 결과물중에서 내보낼 자료를 선택하고 팝업창을 통해 내보내기를 선택한다. 이어서 '출력결과 문서' '도표만' 혹은 '도표 없음' 중에서 선택하는데 여기에서는 '출력결과 문서'를 선택하였다. 그리고 내보내기 형식으로는 '*htm 인 HTML 으로 선택한다.

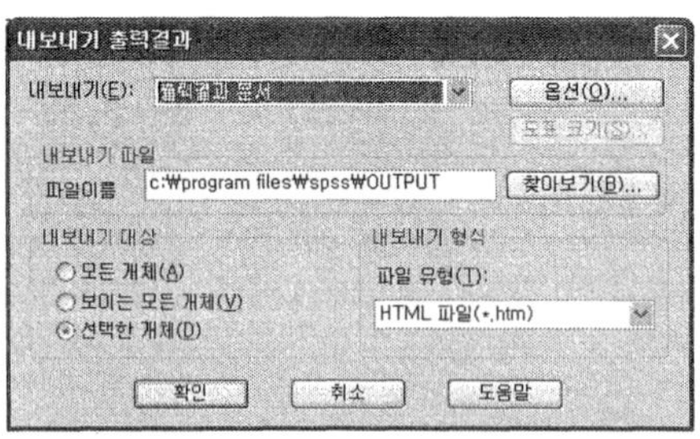

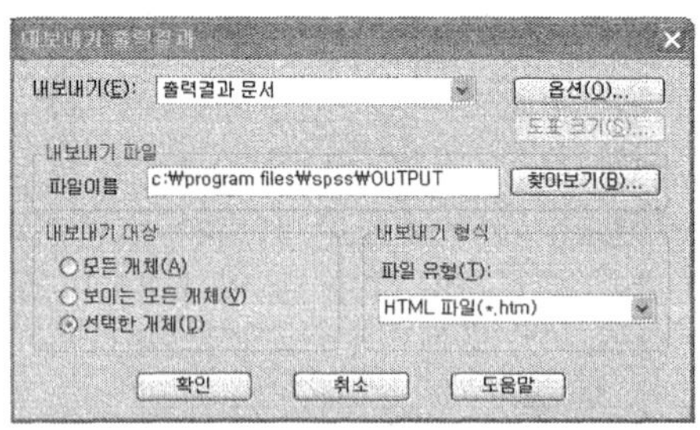

이어서 한글 워드프르세스 등에서 저장된 HTML문서를 불러들인다. 파일 형식을 반드시 인터넷 문서형식으로 설정하여야 한다. 불러들인 문서를 편집한 후 다시 한글(*.hwp) 형식으로 저장해야 할 것이다.

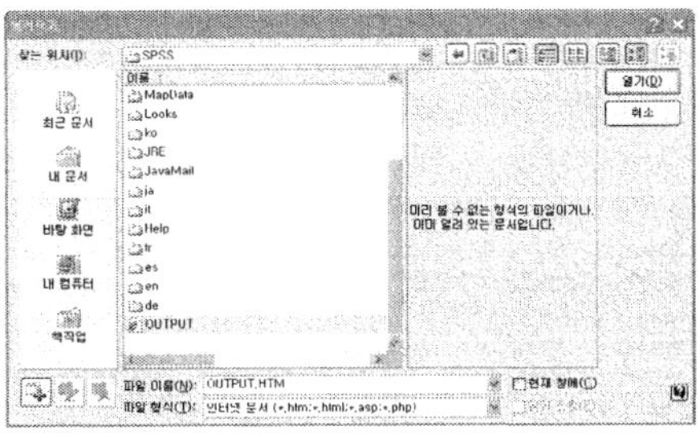
파일 이름(N): OUTPUT.HTM
미리 볼 수 없는 형식의 파일이거나, 이미 열려 있는 문서입니다.

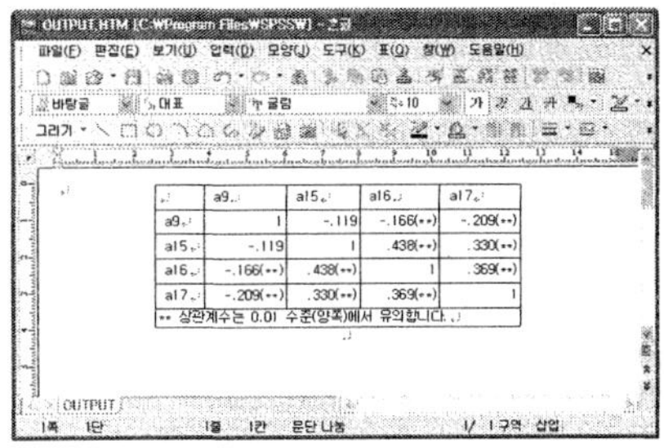
OUTPUT.HTM [C:\Program Files\SPSS\] - 한글
a9 a15 a16 a17
a9 1 -.119 -.166(**) -.209(**)
a15 -.119 1 .438(**) .330(**)
a16 -.166(**) .438(**) 1 .369(**)
a17 -.209(**) .330(**) .369(**) 1
** 상관계수는 0.01 수준(양쪽)에서 유의합니다.

3장. 빈도분석

3장. 빈도분석

1. 자료의 형태

자료는 크게 정성적 자료(qualitative data)와 정량적 자료(quantitative data)로 구분된다. 정성적 자료는 범주형 자료의 성격을 내포하고 있다. 구체적으로 이산형자료(discrete data)와 연속형(continuous data)로 나눈다. 이산형자료는 나이나 점수 등과 같이 측정값의 척도가 정수이상으로 되어 있어 숫자를 하나하나 분리하여 셀 수 있는 자료를 말하며, 연속형자료는 일정 실수구간내에서 소수 이하의 단위로 측정값을 구할 수 있는 자료를 말한다. 정성적자료는 모두 이산형자료이고, 정량적자료는 이산형자료일 수도 있고 연속형자료일 수도 있다.

자료의 형태

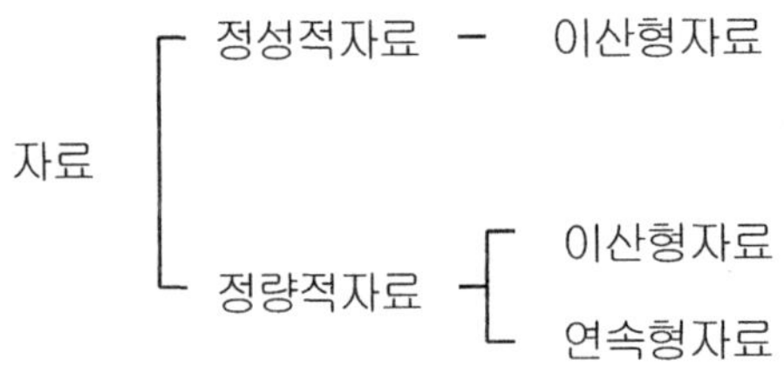

구체적인 각 자료의 특징은 다음과 같다.

(1) 명목자료 (nominal data)

명목자료는 범주자료(categorical data)라고도 하는데 측정대상에 대한 범주나 종류에 따라 수치나 부호를 부여하여 생긴 자료이다. 예를 들면, 남성이면 1, 여성이면 2와 같은 성별 범주를 주거나, 거주지역을 도시는 1, 농촌지역은 2와 같이 거주지역에 대한 변수값 추가가 명목자료의 형태이다. 명목자료는 자료분류를 편의적 성격이 강하기 때문에 산술적 연산에 대해서는 큰 의미를 가지지 않는다.

(2) 순서자료 (ordinal data)

순서 혹은 서열자료도 범주자료의 일종이나 명목자료와의 차이는 서열관계를 포함하고 있다는 것이다. 예를 들면, 청소년은 0, 청년층은 1, 그리고 장년층은 2와 같이 논리적인 서열이 존재하는 경우가 서열자료의 예이다. 서열자료에서는 구체적 측정값간의 논리적 거리가 일정하지 않기 때문에 평균을 구하는 작업이 불가능하다.

(3) 등간자료 (interval data)

등간자료(interval data)는 숫자간의 간격이 일정하므로 산술적 의미를 갖는 가장 기초적 자료이다. 등간자료의 예는 온도나 지수 등에서 찾을 수 있다. 구간자료는 구간의 의미만 있을 뿐 비율의 의미는 없다. 예를 들면, 온도 30℃는 15℃보다 15℃만큼의 차이는 있으나 2배 정도 더 뜨겁다고 볼 수 없는 것과 동일한 의미이다.

(4) 비율척도 (ratio data)

비율자료는 자료의 특성에서 가장 높은 단계라 할 수 있는데, 위의 세 자료가 갖는 특성을 모두 포함하며 숫자간의 비율이 산술적 의미를 갖는 자료이다. 비율자료는 모두 산술적인 연산이 가능하며 특히 평균을 구할 수 있다는 점에서 등간자료와 함께 통계분석에서 가장 많이 활용되고 있다. 비율자료의 예는 체중, 시간, 거리 등과 같은 측정치나 불량품 개수, 투자자의 수 등과 같이 빈도수(frequency)로 관측되는 대부분의 자료에서 찾을 수 있다.

2. 빈도표

빈도표(frequency table) 혹은 도수분포표는 수집된 자료를 특정한 구간(class)으로 나누고 각 구간에 속한 자료의 빈도(frequency)를 집계하여 기록한 표이다. 빈도표를 작성하기 위해서는 자료를 여러 구간으로 나누고, 각 구간에 속한 관찰치의 수를 집계하여야 한다. 여기서 구간을 계급(class)이라고도 하고, 한 계급에 속한 자료의 수를 도수(frequency) 혹은 빈도라 한다. 빈도표는 일반적으로 빈도(frequency), 상대적 빈도비율(percent), 그리고 누적 빈도비율(cumulative percent)등의 항목을 포함한다. 도수분포표의 작성과정은 일반적으로 다음의 다섯 단계를 밟아 작성된다.

단계 1 (자료의 범위결정)

주어진 자료로부터 최대값과 최소값을 찾아 범위를 구한다.

범위(Range) = 최대값 - 최소값

단계 2 (계급의 수 결정)

자료의 크기에 따라 적절한 계급의 수를 결정한다. 계급의 수를 정하는 획일적 기준이 있는 것은 아니지만, 계급의 수가 너무 작으면 각 계급의 범위가 크지므로 자료분포의 특성을 설명하기 어렵고, 너무 많으면 자료요약의 의미가 퇴색된다. 일반적으로 계급의 수는 5~20 수준을 활용한다.

단계 3 (계급의 범위 결정)

계급의 밤위는 자료의 범위를 계급의 수로 나누어 구한다.

$$계급의\ 폭 = \frac{자료의\ 범위}{계급의\ 수}$$

계급의 범위 계산식을 획일적으로 적용하기에는 한계가 있으며 분석의 편의를 위해 자율적으로 조정한다. 그러나 통계적 분석을 수행하기 위해 등간자료 이상의 성격을 부여하기 위해서는 계급의 범위가 결정되면 일정하게 범위를 유지해야 한다.

단계 4 (계급의 경계값 결정)

계급의 경계값이란 전 단계의 상한 경계치나 다음 단계의 하한 경계치를 얼마로 할 것인가에 관한 문제이다. 예를 들면 10으로 계급의 폭을 결정했을 때 10~20, 20~30과 같이 하면 20이 같이 나타나므로 이 때 계급의 경계값은 10~19, 20~29와 같이 9로 끝나야 한다. (아니면 11~20, 21~30과 같이 할 수 있다.)

단계 5 (빈도표 작성)

도수를 구하고 이를 이용하여 상대적구성비 그리고 누적구성비 등의 항목을 계산한다.

3. 빈도표의 그래프화

빈도표를 그래프화하는 방법으로는 히스토그램(막대그래프), 도수다각형(polygon), 그리고 파이차크(원그래프) 등이 있다.

히스토그램(막대그래프)

히스토그램(histogram)은 막대를 이용하여 자료분포의 형태를 시각적으로 보여주는 그래프로서 밑변은 각 구간을, 각 막대의 높이는 그 구간에 속하는 계급의 수(=빈도)를 나타낸다. 히스토그램은 또한 각 구간에 속하는 계급의 비율(=상대적 구성비)을 기초로 하여 작성할 수도 있다.

[히스토그램]

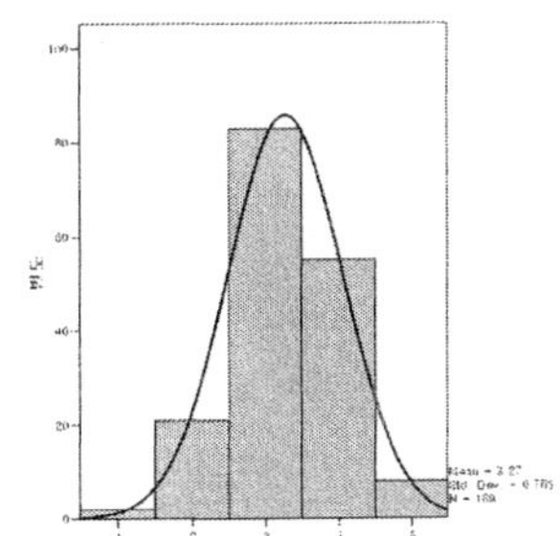

파이차트 (원 그래프)

파이차트(Pie chart)는 범주적 자료를 정리하는데 많이 사용하는 표로서, 각 범주에 속하는 자료의 상대도수나 비율을 원의 파이 형태로 나타낸다.

[원 그래프]

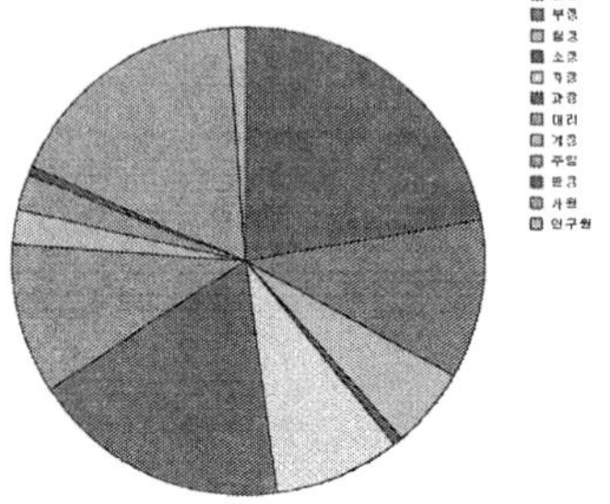

4. 통계량(statistics) 설명

(1) 평균 (mean)

측정치들을 다 합한 뒤 그 합을 자료의 수로 나눈 값을 말하며 통상 산술평균을 평균으로 부르고 있다.

$$\text{모평균} \quad \mu = \frac{1}{N}\sum_{i=1}^{N} x_i, \quad \text{표본평균} \quad \overline{X} = \frac{1}{n}\sum_{i=1}^{n} x_i$$

자료가 빈도표 상태로 제시된 경우에는 위의 공식으로 평균을 구할 수 없으므로 이 때에는 각 구간의 중간값에 발생빈도에 곱하여 더한 다음 이를 전체 자료의 수로 나누어 평균을 구한다.

$$\text{모평균} \quad \mu = \frac{1}{N}\sum_{i=1}^{k} (i\text{번째 구간의 중간값}) \times (i\text{번째 도수})$$

$$\text{표본평균} \quad \overline{X} = \frac{1}{n}\sum_{i=1}^{k} (i\text{번째 구간의 중간값}) \times (i\text{번째 도수})$$

(2) 중앙값 (median)

측정값들을 크기순으로 나열했을 때 가운데 위치하는 측정치의 값을 말한다. 자료의 개수가 홀수일 때는 중앙값 계산에 별문제가 없으나 자료의 개수가 짝수일 때는 중앙에 위치하는 두 개의 측정값을 찾은 뒤 이들 두 측정치의 평균을 중앙값으로 한다.

(3) 최빈값 (mode)

측정값에서 가장 빈도가 높은 자료를 말한다. 자료가 빈도표나 히스토그램 형태로 요약되어 있는 경우 최빈치 계산은 가장 빈도수가 많은 구간의 중앙값이 된다.

(4) 표준편차 (standard deviation)

분산의 양의 제곱근으로서 측정치가 평균으로부터 얼마나 떨어져 있는가를 나타낸다.

모집단의 표준편차 $\sigma = \sqrt{\sigma^2}$

표본의 표준편차 $s = \sqrt{s^2}$

(5) 분산 (variance)

산술평균과 각 측정치 간의 차이를 제곱하여 합을 구한 뒤 전체 측정치 수로 나누어 계산한 값이다. 분산은 측정치가 전체평균으로부터 얼마나 떨어져 있는가를 나타낸다. 분산이 작으면 측정치가 평균 가까이에 집중되어 있음을 의미하고, 분산이 크면 측정치가 평균으로부터 멀리 떨어져 있음을 의미한다. 분산에는 모분산과 표본분산이 있는데 표본분산을 산정할 때 전체 측정치 수(n)로 나누어 주지 않고 (n-1)의 자유도로 나누어주는 점을 주의해야 할 것이다. 표본분산(s)은 모분산(σ^2)을 산정하기 위한 목적으로 계산되는데 n으로 나누게 되면 모분산을 과소평가하는 오류를 범할 수 있다.

$$\sigma^2 = \frac{1}{N}\sum_{i=1}^{N}(X_i - \mu)^2, \ \mu = \frac{1}{\mathrm{N}}\sum \mathrm{X_i}$$

$$s^2 = \frac{(X_1 - \overline{X})^2 + (X_2 - \overline{X})^2 + \cdots\cdots + (X_N - \overline{X})^2}{n-1}$$

(6) 표준오차 (standard error)

분산을 측정치의 수로 나눈 값의 양의 제곱근을 말한다. 즉, 표준편차를 측정치수의 제곱근으로 나눈 값이다.

$$\sigma_{\overline{x}} = \frac{\sigma}{\sqrt{\mathrm{n}}}$$

(7) 최대값 (maximum), 최소값 (minimum), 범위 (range)

최대값은 측정값들 중에서 가장 큰 값이고 최소값은 가장 작은 값이며, 범위는 최대값에서 최소값을 뺀 차이를 말한다.

[예제 빈도분석] 50명 학생의 국어점수

다음은 50명 학생들에 대한 국어시험 점수를 모아놓은 것이다. 이 자료를 보고 물음에 답하라.

```
60 58 68 54 39 88 94 68 77 75 86 88 89 68 44 49 68 57 83 95 78 75 97 58 84 19
90 92 74 77 73 84 82 80 77 84 57 67 96 84 79 91 90 87 79 68 77 72 74 54 87 85
75 65 88 84 57 84 48 95 85 75 65 24 77 87 95 56 84 77 75 65 95 84 77 73 98 55
```

(1) 빈도표를 바탕으로 히스토그램을 작성하시오.

(2) 10점 단위로 구간을 만들어 빈도표를 작성하시오.

(3) 자료를 바탕으로

평균과 표준편차, 분산, 표준오차

중앙값, 최빈값

최대값, 최소값의 계산

SPSS 절차

분석 ———▶ 기술통계량 ———▶ 빈도분석

빈도분석 : 통계량	
옵션	내용
백분위수 값	
사분위수	사분위수로서 25번째, 50번째, 75번째 비율로 출력.
절단점	측정치들을 똑같은 크기의 집단으로 나누는 비율값을 의미하며 기본설정값(default)은 10이다.
백분위수	백분의 수로서 비율값을 의미하며 0과 100사이의 값을 입력한후 추가버튼을 누른다.
산포도	
표준편차	평균으로부터 개별 측정값들의 떨어져 있는 정도를 표준화한 값
분산	표준편차의 제곱값
범위	최대값과 최소값 사이의 거리
최소값	가장 낮은 측정값
최대값	가장 높은 측정값
표준오차	각 표본평균들의 표준편차
중심경향	
평균	산술평균
중앙값	전체 측정값들을 크기 순으로 나열할 때 가운데 값
최빈값	가장 빈도가 많은 측정값
합계	측정값들의 합

빈도분석 : 통계량	
옵션	내용
분포	
왜도	측정치들의 좌우 치우침의 정도를 나타내는 수치로 좌측으로 기울면 0보다 큰수를, 우측으로 기울면 0보다 작은 수치를 보임.
첨도	분포곡선이 얼마나 뾰족한 지 보여주며 뾰복하면 0보다 큰 값을, 평평한 경우에는 0보다 작은 수치를 보임.

풀 이

(1) 도수분포표와 히스토그램 그림은 다음과 같다.

[도수분포표 일부]

국어점수

		빈도	퍼센트	유효 퍼센트	누적퍼센트
유효	19.00	1	1.3	1.3	1.3
	24.00	1	1.3	1.3	2.6
	39.00	1	1.3	1.3	3.8
	44.00	1	1.3	1.3	5.1
	48.00	1	1.3	1.3	6.4
	49.00	1	1.3	1.3	7.7
	54.00	2	2.6	2.6	10.3
	55.00	1	1.3	1.3	11.5
	56.00	1	1.3	1.3	12.8
	57.00	3	3.8	3.8	16.7
	58.00	2	2.6	2.6	19.2
	60.00	1	1.3	1.3	20.5
	65.00	3	3.8	3.8	24.4
	67.00	1	1.3	1.3	25.6
	68.00	5	6.4	6.4	32.1
	72.00	1	1.3	1.3	33.3
	73.00	2	2.6	2.6	35.9
	74.00	2	2.6	2.6	38.5

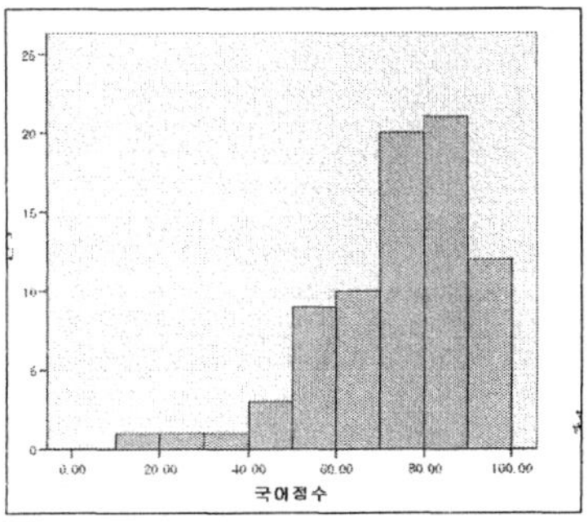

(2) 구간 자료의 도수분포표, 히스토그램

점수구간

		빈도	퍼센트	유효 퍼센트	누적퍼센트
유효	2.00	1	1.3	1.3	1.3
	3.00	1	1.3	1.3	2.6
	4.00	1	1.3	1.3	3.8
	5.00	3	3.8	3.8	7.7
	6.00	10	12.8	12.8	20.5
	7.00	9	11.5	11.5	32.1
	8.00	21	26.9	26.9	59.0
	9.00	22	28.2	28.2	87.2
	10.00	10	12.8	12.8	100.0
	합계	78	100.0	100.0	

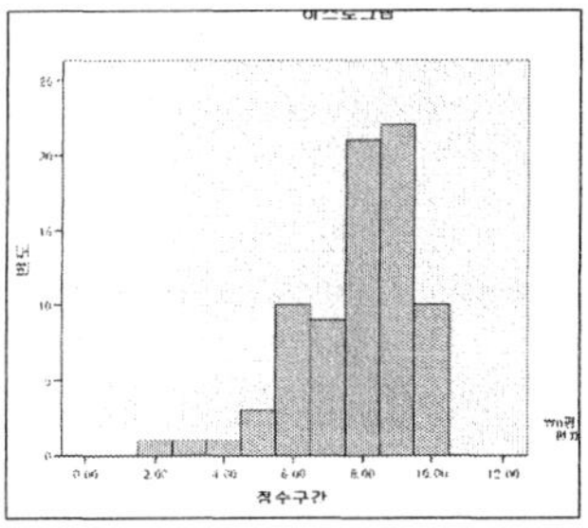

여기에서는 코딩변경 기능을 이용해 각 점수대별로 구간을 설정하여 총 10개의 구간을 10점 간격으로 만들어 민도분석을 수행하는 것이 핵심이다.

(3) 기술통계량 계산

통계량

		국어점수	점수구간
N	유효	78	78
	결측	0	0
평균		74,6410	7,8590
중위수		77,0000	8,0000
최빈값		84,00	9,00
표준편차		16,17917	1,66495
분산		261,766	2,772
최소값		19,00	2,00
최대값		98,00	10,00

4장. 상관관계분석

4장. 상관관계분석

1. 목적

몸무게와 키, 광고액과 매출액 등과 같이 두 변수간의 관계성과 그 강도를 분석하기 위해 수행된다. 일반적으로 상관분석은 상관계수의 크기로 측정하는데 상관계수는 -1과 1사이에 있다. 상관분석의 기본적인 목적은 표본의 상관계수로서 모집단의 상관성을 추론하는데 있다. 이때 변수간의 관계성은 비례관계인가 반비례관계인가를 의미한다.

위의 예처럼 두 변수간의 상관관계를 단순상관관계라 부르며 매출액과 관계있는 광고액과 종업원수를 함께 고려한다면 변수가 2개 이상이 되므로 다중상관관계라고 부른다. 통계적 해석은 단순상관관계와 동일하다. 그 외에 다른 변수의 값은 고정하고 두 변수간의 관계성만을 파악할 때 편상관(partial correlation)이라고 부른다.

2. 상관계수의 분석 의의

두 변수간의 관계를 나타내는 공분산은 다음과 같이 표현된다.

$\sigma_{xy}^2 = E[(X-\mu_x)(Y-\mu_y)]$ 이 경우에 한계는 단위에 따라서 큰 차이가 나타난다는 것이며, 두 변수간의 관계 수준을 상대적으로 표현하는데 어려움이 있다. 따라서 공분산을 표준화한 지표의 필요성이 제기된다. 모집단에 대하여 표준화된 수준을 모상관계수라고 부른다.

$$\rho = \frac{\sigma_{xy}}{\sqrt{\sigma_x^2}\sqrt{\sigma_y^2}} = \frac{\sigma_{xy}}{\sigma_x \sigma_y}$$

$$-1 \le \rho \le 1$$

ρ : 모집단의 상관계수

σx , σy : 변수 x와 y의 표준편차

σxy : 변수 x와 y의 공분산

모상관계수에서 볼 수 있는 것처럼, 공분산의 표준화는 두 변수의 공분산으로 볼 수 있다.

피어슨의 상관계수는 -1에서 +1까지의 값을 갖는다. 즉 변수가 완전한 정의 상관관계에 있으면 상관계수는 +1이고, 완전한 음의 상관관계에 있으면 상관계수는 -1이다. 만약 두 변수가 전혀 상관관계가 없으면 상관계수는 0이 되지만, 철저하게 실험이 통제되지 않은 상황에서 사회과학 현상에서 이런 결과가 나오는 경우는 드물다. 상관계수는 두 변수간의 방향과 정도를 나타내지만 두 변수간의 인과성(causality)이나 종속성(dependence)을 나타내는 것은 아니다. 이 점은 상관계수 해석에서 특히 주의해야 한다.

현실적으로 모집단을 대상으로 상관계수를 구하는 것은 불가능하므로 두 모집단으로부터 각각 표본

을 선정하고 표본상관계수를 구하며 r이라고 표기한다. 우선 표본의 공분산을 표현하면 다음과 같다.

$$S_{xy} = \frac{1}{n-1}\sum_{i=1}^{n}(X_i - \overline{X})(Y_i - \overline{Y})$$

따라서 표본상관계수는 다음과 같이 정리된다.

$$r = \frac{S_{xy}}{S_x S_y} = \frac{\sum X_i Y_i}{\sqrt{\sum X_i^2}\sqrt{\sum Y_i^2}}$$

위의 식으로 계산된 표본상관계수에 대하여 모상관계수와 동일하게 해석한다.

3. 상관계수에 대한 검정

상관계수의 검정통계량은 t 분포를 따르며, 이 경우에 표본의 크기가 증가하면 정규분포에 근접하기 때문에 표본 크기가 30개 이상이면 정규분포를 활용해도 무방하다.

$$t = \frac{\gamma - 0}{\sqrt{\frac{1-\gamma^2}{n-2}}} = \gamma\sqrt{\frac{n-2}{1-\gamma^2}}$$

γ : 표본상관계수
n : 표본의 수

귀무가설 : 모집단의 상관계수(ρ)는 0이다.

검정은 단측검정이나 양측검정을 할 수 있는데 표본에 대한 사전지식이 있으면 단측검정이 적절하고, 사전지식이 없으면 양측검정이 적절하다.

SPSS 절차

분석 ——▶ 상관분석 ——▶ 이변량상관계수

[예제 상관관계분석] 클레임 건수와 A/S발생건수간의 관계

응답 기업들의 클레임 건수와 A/S건수간의 관계를 파악하기 위해 이변량 상관계수를 구하는 절차는 다음과 같다.

이변량상관계수	
옵션키워드	내용
상관계수	
피어슨	피어슨 상관계수, 일반적인 자료에 이용됨. (default)
켄달의 나우	켄달상관세수, 순위사료에 이용됨. 순위상관계수
스피어만	스피어만 상관계수, 순위자료에 이용됨. 순위상관계수
유의성 검정	
양쪽	양측검정
한쪽	단측검정
유의한 상관계수 별표시	상관계수의 유의수준 0.05에서 하나의 별표(*)로, 0.01 에서는 두개의 별표(**)로 표시

풀 이

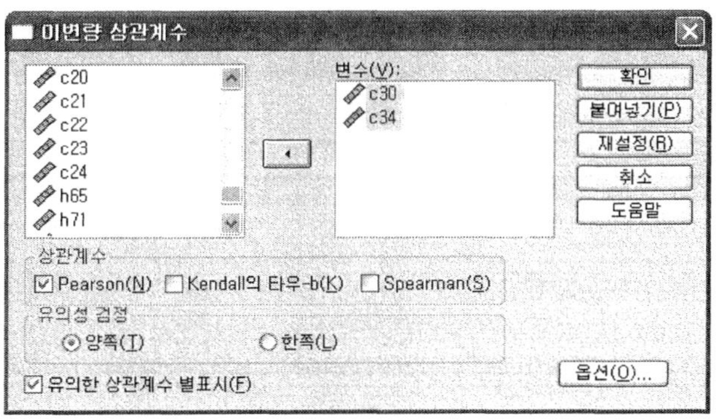

상관계수

		c30	c34
c30	Pearson 상관계수	1	.079
	유의확률 (양쪽)		.170
	N	300	300
c34	Pearson 상관계수	.079	1
	유의확률 (양쪽)	.170	
	N	300	300

위의 결과에 따르면 클레임건수(C30)과 A/S발생건수(C34) 간에는 95% 신뢰수준에서 통계적 관계

성이 있다는 증거를 제시할 수는 없다라고 결론 내린다.

위의 상관분석을 바탕으로 시장점유율을 통제변수로 설벙하여 편상관계수를 구할 수 있다. 통제변수를 두 변수에 모두 관계성을 가질 것으로 보이는 변수로서 이 변수의 상관성을 제외하고 두 변수의 상관관계를 파악할 수 있다.

SPSS 절차

분석 ───▶ 상관분석 ───▶ 이변량상관계수

풀 이

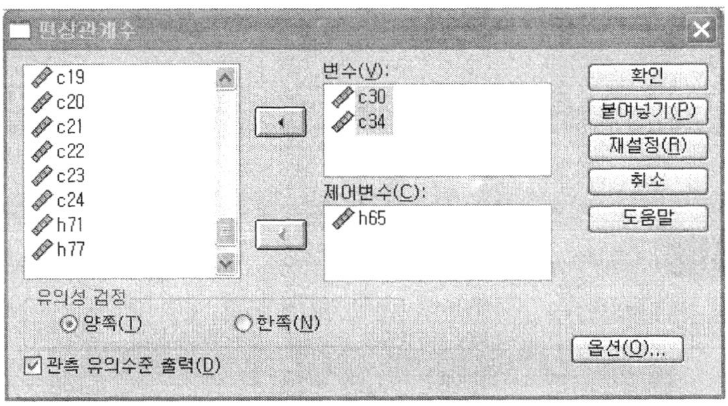

상관

통제변수			c30	c34
h65	c30	상관	1.000	.054
		유의수준(양측)	.	.355
		df	0	297
	c34	상관	.054	1.000
		유의수준(양측)	.355	.
		df	297	0

위의 결과에서처럼, 시장점유율(h65)을 통제한 경우에 클레임 건수와 A/S건수 간에는 통계적 관계성이 95% 신뢰수준하에서 없는 것으로 파악되었다.

§ 부분상관계수 §

최소 세 개 이상의 변수가 분석대상인 경우에 고려대상에 있는 변수들 중 하나 이상의 변수가 나머지 변수와 갖는 선형성을 제거하고 파악하는 두 변수간의 상관관계분석에서의 계수를 부분상관계수라 부른다. 즉 다른 변수들과 같이 변화하는 부분을 통제하고 순수하게 두 변수간의 상관관계만 다루는 것을 부분상관관계(partial correlation)라 한다. 결국은 다른 변수들의 영향을 제거한 상태에서 두 변수만이 상관관계를 측정하는 것임을 의미하는데 다음과 같이 계산되어 진다.

$$\gamma_{yx_1.x_2} = \frac{(\sum X_1)(\sum X_2^2) - (\sum X_2)(\sum X_1 X_2)}{(\sum X_1^2)(\sum X_2^2) - (\sum X_1 X_2)^2} = \frac{r_{yx_1} - r_{yx_2} r_{x_1 x_2}}{\sqrt{(1 - r_{yx_2}^{\ 2})(1 - r_{x_1 y_2}^2)}}$$

단, $\gamma_{yx_1.x_2}$는 X_2가 일정할때 Y와 X_1의 상관계수

§ 스피어만 상관계수 §

비모수 상관관계분석은 자료가 서열척도로 이하 수준으로 측정되어진 경우에 활용되며 자료가 추출된 모집단의 형태에 대한 어떠한 가정에도 영향을 받지 않는다. 이러한 비모수상관관계분석은 범주형 자료를 이용한 분할표(contingency coefficient)를 이용한 방법과 서수적 자료를 이용하는 순위 상관관계 분석법이 있다.

여기에서 스피어만의 비모수 상관계수는 표본의 크기가 상대적으로 작아서 중심극한정리를 사용할수 없는 경우나 측정치가 서열척도로 되어 있는 경우에 사용되며 다음과 같이 구분하여 계산할 수 있다.

i) 중복순위가 있는 경우

$$\rho = \frac{\Sigma x^2 + \Sigma y^2 - \Sigma D^2}{2\Sigma X^2 Y^2}$$

ii) 중복순위가 없는 경우

여기서는 귀무가설인 X와 Y는 순위와 무관하다(독립적이다)을 설정하여 가설을 검증하게 된다.

$$\rho = 1 - \frac{6\Sigma D^2}{n(n^2 - 1)}$$

단, D는 두변수간 순위의 차를 의미한다.

5장. 교차분석

5장. 교차분석

1. 분석 의의

교차분석(Crosstab)은 통계분할표(Contingency table)분석이라고도 하는데 명목척도와 서열척도와 같은 범주형변수(categorical variables)간의 관련성을 파악하기 위해 사용하는 분석기법으로 비모수 통계기법에 속한다. 범주형변수의 상호연관성을 분석하기 위해서는 몇 개의 수준으로 구분된 속성별로 자료를 분류하여 관측치의 빈도를 요약한 분할표를 먼저 작성하여야 한다. 일반적으로 한 변수가 r개의 속성(행)을 가지고 또 하나의 변수가 c개의 속성(열)을 가질 때 만들어지는 표를 r x c 통계분할표라고 한다. 각 범주적 변수가 2개의 속성만을 가질 때 만들어지는 표는 2 x 2 통계분할표이다.

2. 원리

교차분석은 r x c 통계분할표의 셀에 나타난 실제 빈도(frequencies)가 기대빈도와 같은 지를 비교함으로써 두 변수가 상호 독립적인지 아닌지를 검정한다. 따라서 독립성 검정이라고 불리기도 한다. 실제 빈도와 이론 빈도의 차이를 이용하여 독립성여부를 판단하는 방법 중 가장 많이 이용하는 것은 카이자승(x^2) 방법(Chi-square method)이다. 2 x 2 통계분할표의 경우 실제빈도와 기대빈도(이론빈도)의 차이가 크면 카이자승 값이 커지고 따라서 두 변수는 연관되어 있다고 볼 수 있다. 검정통계량은 다음과 같다.

$$\chi^2_{(r-1)(c-1)} = \sum\sum \frac{(O_{ij} - E_{ij})^2}{E_{ij}}$$

O_{ij} : *관찰된 수*
E_{ij} : *기대되는 수*

교차분석에서 귀무가설은 두 변수가 상호독립적이라고 둔다. 의미로는 상호 연관성이 없다고 볼 수 있다.

귀무가설 H_O : 두 변수는 상호독립적이다.
대립가설 H_A : 두 변수는 상호 연관되어 있다.

검정통계량은 χ^2로서 계산된 χ^2값과 χ^2분포표에서 자유도를 고려하여 구한 5% 유의수준의 임계치 χ^2값을 비교하므로서 귀무가설 기각 여부를 결정한다. 계산된 값이 임계치 값보다 크면 귀무가설은 기각된다. 자유도는 (r-1)(c-1)개이다.

3. 독립성 검정 예제

다양한 통계분석을 위하여 기업을 대상으로 자료를 수집하였다. 응답기업의 업종과 기업규모간에 차이가 있는지에 대하여 5%의 유의수준에서 검정하는 경우를 예를 들어봐자.

SPSS 절차

분석 ──→ 기술통계량 ──→ 교차분석

풀 이

귀무가설 H_o : 주력업종간 기업규모에 차이가 없다. (=두 변수는 상호 독립적이다.)
대립가설 H_A : 주력업종간 기업규모에 차이가 있다. (=성별과 선호도는 관련되어 있다.)

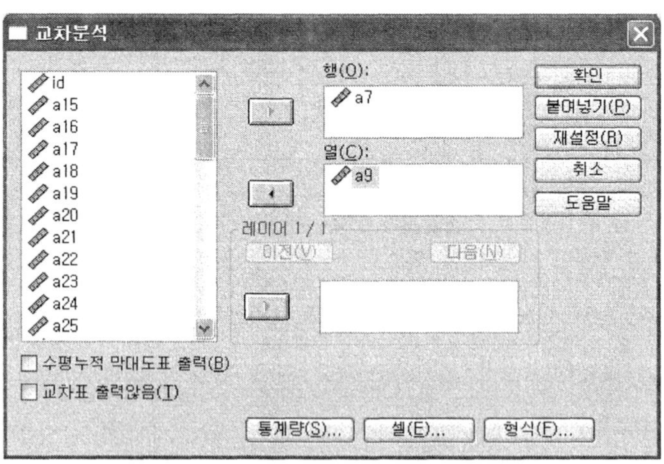

기대도수 계산근거 : 귀무가설이 옳다면 업종간의 기업규모가 동일하므로 제조업이든 서비스업이든 똑같은 수준의 기업규모가 된다.

a7 * a9 교차표

			a9					전체
			대기업	중견기업	중소기업	단체	협동조합	
a7	제조업	빈도	40	20	157	0	0	217
		기대빈도	40.6	23.3	151.3	.9	.9	217.0
	서비스	빈도	7	7	18	1	1	34
		기대빈도	6.4	3.7	23.7	.1	.1	34.0
전체		빈도	47	27	175	1	1	251
		기대빈도	47.0	27.0	175.0	1.0	1.0	251.0

이상의 기대빈도와 이론빈도를 바탕으로 χ^2를 계산하면 17.959 이며 자유도는 4가 된다. 자유도 4에서의 χ^2 통계량의 임계치는 95% 신뢰수준에서 9.49이다. 따라서 임계치에 비하여 χ^2 검정통계량이 크므로 귀무가설의 기각이 된다. 따라서 업종에 따라서 기업규모에는 차이가 있다는 통계적 증거가 확보되었다.

4. 적합성 검정

단일기준에 의해 구분된 표본을 바탕으로 표본이 추출된 모집단의 기대치와 어느 정도로 밀접한지를 파악할 때 카이자승 적합성 검정을 실시한다. 각 셀의 관찰빈도와 이론빈도(기대빈도) 간의 큰 차이가 있는지 여부를 검정하기 위해 사용된다. 먼저 기대빈도를 바탕으로 한 검정 통계량은 다음과 같다.

$$\chi^2_{(k-1)} = \sum \frac{(O_i - E_i)^2}{E_i}$$

O_j : 관찰된 수
E_i : 기대되는 수

만일 관찰도수와 기대도수가 거의 일치한다면 카이자승치는 작아지게 된다. 반대의 경우에는 카이자승치가 높아지게 된다. 이때 카이자승치가 높아지게 되면 관차도수가 귀무가설이 근거하고 있는 모집단으로부터 추출되지 않았다고 할 수 있다.

여기에서는 응답기업의 업종 구성비율이 모두 동일한지에 대하여 검정하고자 한다. 기대빈도를 동일하게 처리한 상태라면 응답기업의 업종이 4가지(제조업, 서비스업, 공기업, 기타)이므로 구성비율이 각각 $\frac{1}{4}$인가를 검정하는 것이므로 추가적인 기대빈도 수준을 지정할 필요가 없다.

귀무가설 H_0 : 발생도수는 동일할 것이다.
대립가설 H_A : 발생도수에 차이가 있을 것이다.

SPSS 절차

분석 ———▸ 비모수검정 ———▸ 카이제곱검정

풀 이

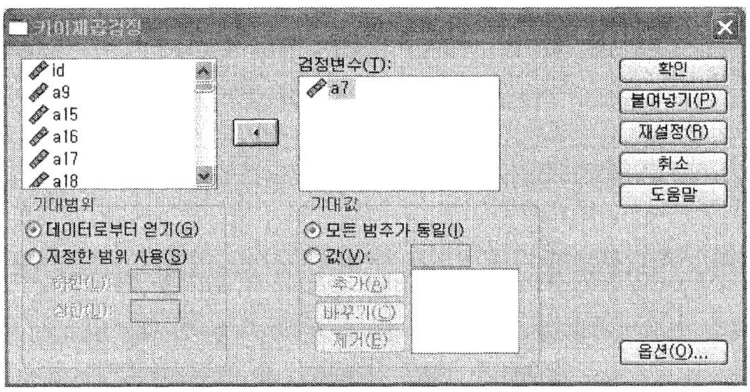

a7

	관측수	기대빈도	잔차
제조업	217	37.5	179.5
서비스	34	37.5	-3.5
공기업	36	37.5	-1.5
의료서비스	1	37.5	-36.5
건설업	8	37.5	-29.5
서비스 및 솔루션 개발 판매,SI	1	37.5	-36.5
협회/협동조합	2	37.5	-35.5
학교	1	37.5	-36.5
합계	300		

검정 통계량

	a7
카이제곱[a]	1022.987
자유도	7
근사 유의확률	.000

a. 0 셀 (.0%)은(는) 5보다 작은 기대빈도를 가집니다. 최소 셀 기대빈도는 37.5입니다.

이상의 결과를 본다면, χ^2검정통계량이 자유도 7에서 1022수준을보이고 있어 95% 신뢰수준에서의 임계치인 14.보다 크므로 귀무가설이 기각된다. 따라서 업종빈도는 동일한 수준이라고 보기 힘든다.

§ χ^2 분포 §

평균이 μ이고 분산이 σ^2인 정규분포를 가정하고 그 중에 한 표본 x를 추출하여 표준점수 z의 제곱을 계산한다.

$$z^2 = \frac{(x-\mu)^2}{\sigma^2}$$

이러한 과정을 무수히 반복한다고 가정할 때, z^2값의 분포는 자유도가 1인 χ^2분포를 보인다.

$$\chi^2(1) = z^2$$

정규분포상에서 한범에 N개의 값을 추출하여 각 점수의 z^2를 계산하고 이를 더하는 과정을 무한히 반복하면 자유도가 N인 χ^2분포를 얻을 수 있다. 정규분포에서 추출한 N개의 측정치에 대한 각각의 z^2은 자유가 N인 χ^2분포를 보인다.

$$\chi^2(N) = z_1^2 + z_2^2 + \cdots z_N^2 = \sum Z_i^2 = \sum \frac{(x_i-\mu)^2}{\sigma^2}$$

χ^2분포는 단일모수인 k자유도에 따라서 모양이 결정된다. χ^2분포 항상 양수를 보이며 자유도가 증가할 수록 대칭적 모습을 보인다. 또한 자유도가 증가할수록 각 분포의 평균과 분산이 커져서 χ^2분포의 평균과 분산은 df와 $2df$가 된다.

6장. t-test (그룹비교)

6장. t-test (그룹비교)

1. t-test의 목적

비교 대상이 되는 두 집단간에 평균에 대한 차이가 있는지 파악하기 위해 수행되는 통계분석 기법이다. 동일한 모집단으로부터 나누어진 집단들이라면 각 집단에서 추출된 표본들의 평균값은 동일해야 될 것이다. 따라서 두 집단의 분석대상 변수의 평균 차이가 0인지 아닌지가 분석의 초점이다. 이러한 평균의 차이를 전체 집단의 표준오차로 나눈 통계량이 t 통계량이다.

$$t\text{값} = \frac{\text{평균차이}}{\text{전체집단의 표준오차}}$$

2. t값의 계산

평균차이가 0인지 아닌지를 검증하는 통계량인 t값은 두 집단 x_1, x_2의 평균 $\overline{x_1}$, $\overline{x_2}$ 표준편차 S_1, S_2 그리고 표본수 n_1, n_2를 이용하여 구할 수 있다. 두 집단 평균의 차이인 $\overline{x_1}$-$\overline{x_2}$의 표준오차 $\sigma_{\overline{x_1}-\overline{x_2}}$는 두 모집단의 분산이 알려져 있을 때는 다음과 같다.

$$\sigma_{\overline{x_1}-\overline{x_2}} = \sqrt{\frac{\sigma_1^{\ 2}}{n_1} + \frac{\sigma_2^{\ 2}}{n_2}}$$

그러나 조사작업의 대부분은 모집단에 대한 특성을 알지 못하는 경우가 대부분이다. 따라서 두 모집단의 분산 σ_1^2, σ_2^2이 알려져 있지 않은 경우가 많다. 이 경우에는 표본의 표준편차인 S_1, S_2를 이용하여 계산한다. 이때 두 모집단의 분산은 비록 알 수는 없으나 서로 다른 값(unequal)을 갖는다고 가정하며 개별분산(separate variance)을 이용하여 $S_{\overline{x_1}-\overline{x_2}}$를 추정한다.

$$S_{\overline{x_1}-\overline{x_2}} = \sqrt{\frac{S_1^{\ 2}}{n_1} + \frac{S_2^{\ 2}}{n_2}}$$

한편 두 모집단의 분산은 비록 알 수 없으나 σ_1^2가 σ_2^2가 서로 같은 값(equal)을 갖는다고 가정하면 합동분산(pooled variance)을 이용하여 $S_{\overline{x_1}-\overline{x_2}}$를 추정한다.

$$S_{\bar{x}_1-\bar{x}_2} = \sqrt{\frac{Sp^2}{n_1} + \frac{Sp^2}{n_2}} = Sp\sqrt{\frac{1}{n_1} + \frac{1}{n_2}}$$

합동분산 $Sp^2 = \dfrac{(n_1-1)S_1^{\ 2} + (n_2-1)S_2^{\ 2}}{n_1+n_2-2}$

두 집단의 평균 차이 검증의 가설은 평균이 0이고, 표준오차가 $S_{\overline{X_1}-\overline{X2}}$이며, 자유도가 n_1+n_2-2인 t 분포를 이용하여 검증한다.

3. 평균차이

78명 학생의 국어점수 결과에 대한 내용을 바탕으로 t-test를 실시한다.

	표본수 N	평균 (X)	표준편차 S
남성	37	75.37	14.60
여성	41	73.97	17.63

이 자료를 보고 두 집단의 국어평균 점수가 같다고 말할 수 있는가, 5% 유의수준에서 검증해보자.

(1) 평균차이의 검증
여기서 귀무가설은 '남자학생(x_1)과 여자학생(x_2)의 국어점수 평균이 같다.'라고 세운다.

귀무가설 : $\overline{X_1} = \overline{X_2}$
대립가설 : $\overline{X_1} \neq \overline{X_2}$

t 통계량 계산은 다음과 같이 다양한 경우를 고려하여 판단한다.

<table>
<tr><td rowspan="3">소표본</td><td>모분산을 알 때</td><td colspan="2">$t = \frac{(\overline{X}_1 - \overline{X}_2) - (\mu_1 - \mu_2)}{\sigma_{\overline{X}_1 - \overline{X}_2}}$, 자유도 $= n_1 + n_2 - 2$</td></tr>
<tr><td rowspan="2">모분산을 모를 때</td><td>모분산 동일</td><td>$t = \frac{(\overline{X}_1 - \overline{X}_2) - (\mu_1 - \mu_2)}{s_{\overline{X}_1 - \overline{X}_2}}$, 자유도 $= n_1 + n_2 - 2$
$s_{\overline{X}_1 - \overline{X}_2} = s_p\sqrt{\frac{1}{n_1} + \frac{1}{n_2}}$, $s_p^2 = \frac{(n_1 - 1)s_1^2 + (n_2 - 1)s_2^2}{n_1 + n_2 - 2}$</td></tr>
<tr><td>모분산 상이</td><td>$t = \frac{(\overline{X}_1 - \overline{X}_2) - (\mu_1 - \mu_2)}{s_{\overline{X}_1 - \overline{X}_2}}$, $s_{\overline{X}_1 - \overline{X}_2} = \sqrt{\frac{s_1^2}{n_1} + \frac{s_2^2}{n_2}}$
자유도: $m = \frac{(s_1^2/n_1 + s_2^2/n_2)^2}{\frac{(s_1^2/n_1)^2}{n_1 - 1} + \frac{(s_2^2/n_2)^2}{n_2 - 1}}$</td></tr>
</table>

(2) 두 집단의 분산이 같은 경우(equal)의 차이의 표준오차

$$S_{\overline{x}_1 - \overline{x}_2} = \sqrt{\frac{Sp^2}{n_1} + \frac{Sp^2}{n_2}} = Sp\sqrt{\frac{1}{n_1} + \frac{1}{n_2}}$$

여기서 $Sp^2 = \frac{(n_1 - 1)S_1^2 + (n_2 - 1)S_2^2}{n_1 + n_2 - 2}$

$$Sp^2 = \frac{(37-1)(14.60)^2 + (41-1)(17.63)^2}{37 + 41 - 2} = 264.56$$

$$S_{\overline{x}_1 - \overline{x}_2} = \sqrt{264.56}\sqrt{\frac{1}{37} + \frac{1}{41}} = 3.69$$

자유도는 76이 된다. 그리고 평균값의 차이$(\overline{x}_1 - \overline{x}_2)$는 1.402가 된다.

(3) 두 집단의 분산이 다른 경우(unequal)의 차이의 표준오차

$$S_{\overline{x}_1 - \overline{x}_2} = \sqrt{\frac{14.60^2}{37} + \frac{17.63^2}{41}} = 3.65$$

두 집단의 분산의 동질성은 Levene's 분산 동질성으로 검증한다. 여기서 귀무가설은 '두 집단의 분산은 같다'라고 둔다. 5% 유의수준에서 t값의 유의도 p값이 0.05%이하이면 귀무가설을 기각한다.

(4) 임계치(critical value)의 계산

귀무가설의 기각 영역은 양측검증의 경우 양쪽의 빗금친 부분이다.

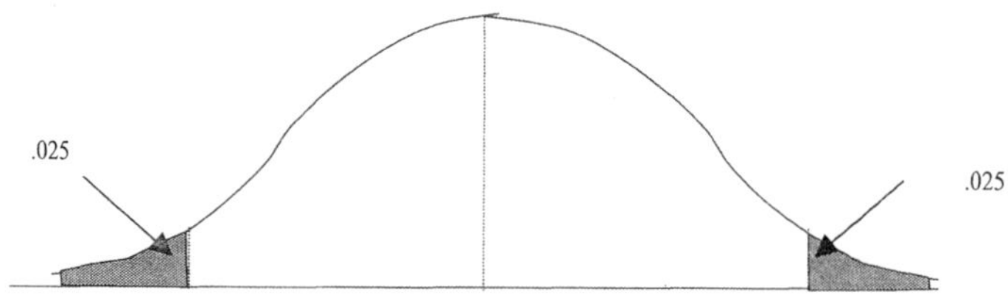

임계치는 신뢰구간(confidence level)에 따라 달라진다. 유의수준을 5%로 설정한 경우에 신뢰수준은 당연히 95%가 된다. t분포표에서 자유도(df)가 76이고 5%의 유의수준일 때 임계치 t값은 대략 1.65에 근사하게 된다. 추출된 표본으로부터 계산된 t값은 두 집단의 분산이 같은 경우와 다른 경우로 나누어 고려해야 한다.

SPSS 절차

분석 ⟶ 평균비교 ⟶ 독립표본t검정

풀 이

독립표본 검정

		Levene의 등분산 검정		평균의 동일성에 대한 t-검정						
		F	유의확률	t	자유도	유의확률 (양쪽)	평균차	차이의 표준오차	차이의 95% 신뢰구간 하한	차이의 95% 신뢰구간 상한
국어점수	등분산이 가정됨	.208	.650	.380	76	.705	1.40277	3.68924	-5.94499	8.75052
	등분산이 가정되지 않음			.384	75.470	.702	1.40277	3.65370	-5.87503	8.68057

결과적으로 Levene 등분산 검정에서 등분산이라는 가정이 받아들여지고 있으므로 이때의 t값은 .380이 된다.

(5) 결론

계산된 t값은 임계치(1.65)보다 작으므로 귀무가설(H_0)은 채택된다. 즉, 남학생과 여학생간의 국어점수간에는 차이가 있다고 보기 힘들다는 결론을 내린다.

[예제 t-test(집단의 평균비교)] 78명 학생의 공부시간에 대한 성별간의 차이 비교

78명의 학생들이 국어시험에 응시하기 전에 공부시간을 측정하였다. 성별간에 공부시간의 평균값에 대하여 차이가 있는지 95% 신뢰수준에서 검정해보자.

입력된 자료

	국어점수	점수구간	성별	공부시간
1	60.00	6.00	1	8
2	58.00	6.00	2	5
3	68.00	7.00	2	6
4	54.00	6.00	2	4
5	39.00	4.00	2	5
6	88.00	9.00	2	8
7	94.00	10.00	2	6
8	68.00	7.00	2	5
9	77.00	8.00	2	3
10	75.00	8.00	1	2
11	86.00	9.00	2	4
12	88.00	9.00	2	5
13	89.00	9.00	2	7
14	68.00	7.00	1	4
15	44.00	5.00	1	8
16	49.00	5.00	1	5
17	68.00	7.00	1	9
18	57.00	6.00	1	5
19	83.00	9.00	1	5
20	95.00	10.00	1	6

풀이

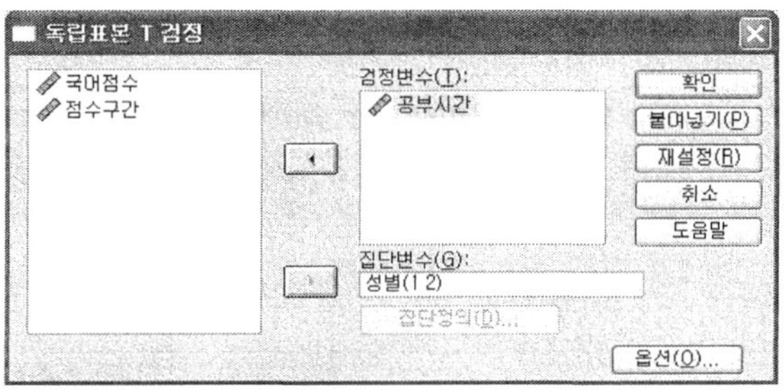

독립표본 검정

		Levene의 등분산 검정		평균의 동일성에 대한 t-검정						
		F	유의확률	t	자유도	유의확률 (양쪽)	평균차	차이의 표준오차	차이의 95% 신뢰구간 하한	차이의 95% 신뢰구간 상한
공부시간	등분산이 가정됨	13.478	.000	2.933	76	.004	1.438	.490	.461	2.414
	등분산이 가정되지 않음			2.861	57.314	.006	1.438	.503	.432	2.444

a) Levene 등분산 검정에 의하면 두 모집단의 분산이 같다는 귀무가설의 채택될 확률인 Sig.가 0.000<0.05이므로 기각된다. 따라서 두 모집단의 분산이 다르다는 조건하에서 t검정이 실시된다.

b) 평균의 동일성에 대한 t검정에서 두 집단의 평균차이는 1.438이고 계산된 t값은 2.861이며, 유의확률은 0.006<0.05이므로 두 집단의 평균차이가 없다는 귀무가설이 기각된다. 이 두 집단 간의 평균차이가 있다는 가설은 통계적으로도 유의 하다. 95%의 신뢰구간은 [.432, 2.444]으로 0을 포함하지 않고 있으므로 대립가설을 채택할 수 있다.

6장(추가). t-test (대응비교)

1. 분석 의의

대응표본 t검정은 앞에서 설명한 독립표본 t검정과 다르다. 대응표본은 동일한 집단을 대상으로 상이한 변수를 대상으로 수행하는 검정이지만 독립표본 평균비교는 서로 다른 두 집단에 대한 t검증이다. 따라서 대응표본에서는 서로 다른 두 집단에 대한 분산 검증절차가 필요없게 된다.

SPSS 절차

분석 ——→ 평균비교 ——→ 독립표본 t검정

2. 예제

국어시험에 응시한 학생들을 대상으로 작문수업에 대한 만족도와 읽기수업에 대한 만족도에 대하여 차이가 있는지 파악하기 위하여 분석을 수행하고자 한다. (data1.sav)

귀무가설(H_0) : 교육훈련 전후 생산량의 차이는 없다.(교육효과는 없다)

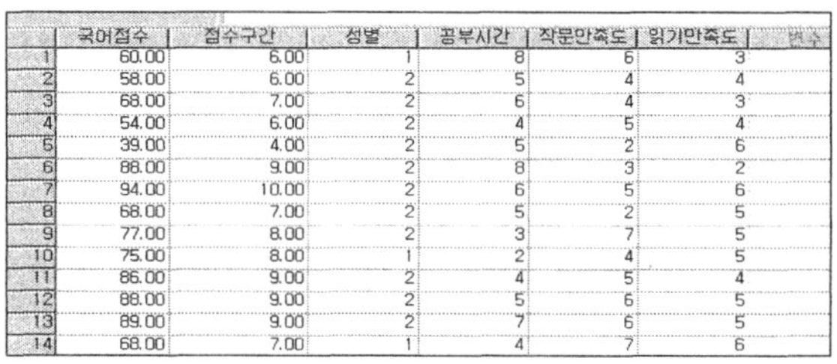

	국어점수	점수구간	성별	공부시간	작문만족도	읽기만족도
1	60.00	6.00	1	8	6	3
2	58.00	6.00	2	5	4	4
3	68.00	7.00	2	6	4	3
4	54.00	6.00	2	4	5	4
5	39.00	4.00	2	5	2	6
6	88.00	9.00	2	8	3	2
7	94.00	10.00	2	6	5	6
8	68.00	7.00	2	5	2	5
9	77.00	8.00	2	3	7	5
10	75.00	8.00	1	2	4	5
11	86.00	9.00	2	4	5	4
12	88.00	9.00	2	5	6	5
13	89.00	9.00	2	7	6	5
14	68.00	7.00	1	4	7	6

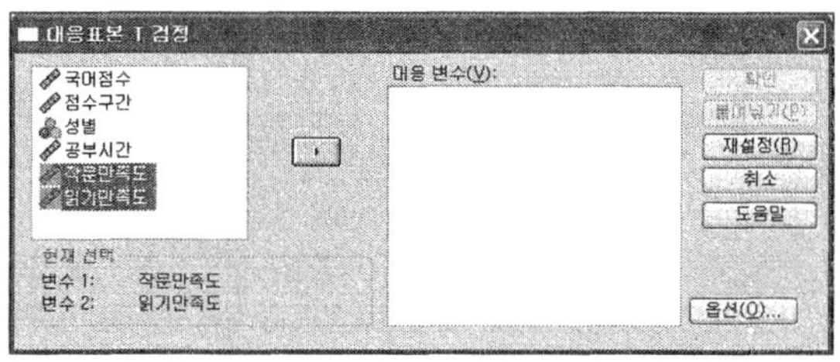

대응표본 검정

	대응차					t	자유도	유의확률 (양쪽)
	평균	표준편차	평균의 표준오차	차이의 95% 신뢰구간 하한	차이의 95% 신뢰구간 상한			
대응 1 작문만족도 - 읽기만족도	.115	1.780	.202	-.286	.517	.573	77	.569

t분포표에서 자유도(df) 77을 고려한 5% 유의수준의 임계치 t값에 비하여 낮은 수준의 t값인 .573이 계산되었고, 유의수준에 비하여 큰 유의확률 .539을 보이고 있어 귀무가설을 받아들인다. 따라서

학생들이 생각하는 작문과목과 읽기과목간의 만족도에는 차이가 없다고 볼 수 있는 통계적 증거가 확보되었다.

[예제 t - test(대응표본 비교)] 교육훈련과 생산량(data3.sav)

학생 10명에 대하여 새롭게 개발된 교재로 수업을 한 전후간의 학업성취도를 조사한 결과는 다음과 같다. 과연 새로운 교재는 성취도 향상에 기여하고 있는가?

학생	1	2	3	4	5	6	7	8	9	10
신교재 전 성취도	54	56	50	52	55	52	56	53	53	60
신교재 후 성취도	60	59	57	56	56	58	62	55	54	64

이때 귀무가설은 신교재 사용전과 후에 학업성취도에 차이가 없다로 정하게 된다.

입력된 자료

	학생	신교재전	신교재후	변수
1	1.00	54.00	60.00	
2	2.00	56.00	59.00	
3	3.00	50.00	57.00	
4	4.00	52.00	56.00	
5	5.00	55.00	56.00	
6	6.00	52.00	58.00	
7	7.00	56.00	62.00	
8	8.00	53.00	55.00	
9	9.00	53.00	54.00	
10	10.00	60.00	64.00	
11				

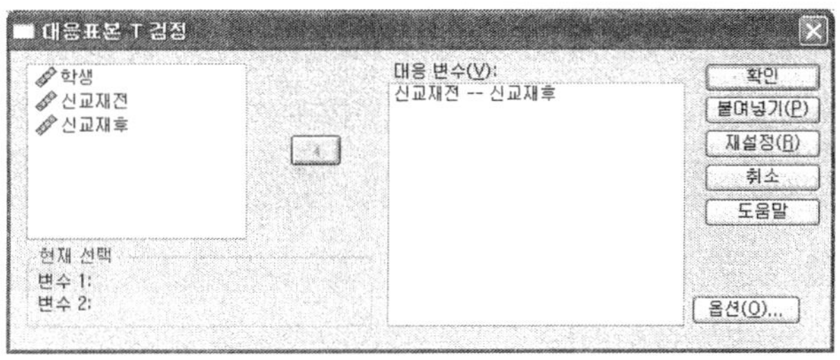

풀 이

대응표본 검정

	대응차					t	자유도	유의확률 (양쪽)
	평균	표준편차	평균의 표준오차	차이의 95% 신뢰구간 하한	차이의 95% 신뢰구간 상한			
대응 1 신교재전 - 신교재후	-4.00000	2.21108	.69921	-5.58171	-2.41829	-5.721	9	.000

신교재를 활용하기 전과 후의 성취도간의 차이는 -4로 신교재를 활용하고 수업을 한 이후의 성취도가 4점 높은 것으로 나타났다. 평균에 대한 표준편차는 2.21이며, 표준오차는 0.7이다. 자유도 9에서 계산된 t값은 −5.721이고 5% 유의수준으로 분석할 때 유의확률은 유의수준에 비하여 낮은 수준을 보이고 있다. 따라서 귀무가설이 기각되고 신교재를 이용한 경우에 학업성취도가 높아진다는 충분한 통계적 증거를 확보할 수 있다.

7장. 분산분석

7장. 분산분석

1. 분석 의의

단일모집단이나 두 모집단 혹은 그 이상 집단들간의 평균의 차이를 동시에 비교해야 하는 경우가 있을 수 있고 두 요인이상으로 분류된 모집단의 평균을 동시에 비교하고자 하는 경우가 있다. 이렇게 다수 모집단의 평균을 동시에 비교하는 데 분산이라는 통계량을 이용하여 추론하는 통계기법을 분산분석(ANOVA: Analysis of Variance)이라 한다. ANOVA분석의 핵심은 표본자료의 변동이 두 가지 구성요소, 즉 표본내 변동과 표본간 변동으로 나누어 진다는데 있다. 분산분석을 수정하기 위해서는 F 통계량을 계산하여 표본내 변동을 표본간 변동과 비교한다.

2. 가설검정

분산분석은 실험계획법에서 많이 사용하고 있는데, 실험의 특성치에 영향을 주는 조건의 종류를 요인이라고 하며 실험을 하기위한 조건을 수준이라고 한다. 예를 들어 학년에 따라 성적에 차이가 있는지 검정하는 경우라고 한다면 학년은 요인이 되며 학년내에서 1학년, 2학년, 3학년 등은 수준이 된다.

또한 분산분석에서의 가설의 설정은 두 모집단의 평균차이를 검정하는 경우와 유사한데, 단지 차이가 있다면 세 모집단 이상의 평균이 모두 동일하다는 것을 귀무가설로 설정하고 어느 하나라도 차이가 있다는 것을 대립가설로 설정한다는 것이다. 예를 들어 3개의 모집단으로부터 3개의 독립적인 확률표본을 취하고 3개의 모집단 평균을 μ_1, μ_2 그리고 μ_3라 할 때 검정하려는 귀무가설은 다음과 같다.

귀무가설 H_0 : $\mu_1 = \mu_2 = \mu_3$

대립가설 H_A : 평균 중 적어도 하나는 다르다.

3. 자료구조와 모형

분산분석에서는 k 개의 모집단이 서로 독립적이며, 평균은 μ_i , 공통분산 σ^2을 갖는 정규분포를 따른다고 모집단에 대한 가정을 필요로 한다. 아울러 분산분석에 모형은 다음과 같다.

$$Y_{ij} = \mu_i + \epsilon_{ij}, \quad \epsilon_{ij} \sim N(0, \sigma^2), \quad \mu = \frac{\sum_{i=1}^{k} \mu_i}{k}$$

μ_i를 $\mu_i = \mu + \alpha_i$로 대체하면 일원배치법의 자료의 구조식은 다음과 같다.

$$Y_{ij} = \mu + \alpha_i + \epsilon_{ij}, \quad i = 1, 2, \cdots, k, \quad j = 1, 2, \cdots, n_i$$

μ : 총평균

α_i : i번째 처리효과

ϵ_{ij} : 서로 독립인 $N(0, \sigma^2)$를 따르는 오차

추가적으로 변동을 표본내 변동과 표본간 변동으로 구분하고 이들 변동간의 비율을 바탕으로 F 분포를 적용하고 있어 다음의 공식을 바탕으로 F 통계량을 산정한다.

$$F\text{통계량} = \frac{\text{표본간분산 (변동)}}{\text{표본내분산 (변동)}} = \frac{SSB\ /(k-1)}{SSW\ /(n-k)}$$

변동의 분해는 다음과 같이 표본내와 표본간으로 구분하고 상대적으로 표본간의 분산의 유의한 수준으로 크다면 집단간 평균차이가 의미있다고 본다.

$$(Y_{ij} - \overline{Y}) = (Y_{ij} - \overline{Y_i}) + (\overline{Y_i} - \overline{Y})$$

(총편차)=(표본내 변동) +(표본간 변동)

위의 식을 제곱하여 각 처리수준에서 관측값 모두에 대하여 더하면 다음과 같다.

$$\sum_{i=1}^{k}\sum_{j=1}^{n_i}(Y_{ij} - \overline{Y})^2 = \sum_{i=1}^{k}\sum_{j=1}^{n_i}(Y_{ij} - \overline{Y_i})^2 + \sum_{i=1}^{k}\sum_{j=1}^{n_i}(\overline{Y_i} - \overline{Y})^2$$

$$SST = SS_T \qquad + \qquad SS_E$$

자유도(df) : F비율의 분자의 자유도=표본수 - 1 (=k - 1)

F비율의 분모의 자유도=전체표본의 크기-표본수(=n - k)

분산분석에서의 검정기준은 계산된 F값이 자유도를 고려하였을 때, F분포표에서 찾은 임계치 F값보다 작으면 귀무가설은 채택된다.

분산분석의 결과는 분산분석표(ANOVA 표)에 의해 제시되며, 각각의 구성요소의 의미는 다음과 같다.

- 집단간 제곱평균 : $MS_T = \frac{SS_T}{(k-1)}$ (SS_T를 자유도로 나누어 계산)
- 집단내 제곱평균 : $MS_E = \frac{SS_E}{(N-k)}$ (SS_E를 자유도로 나누어 계산)

요인	제곱합	자유도	제곱평균	F비
집단-간	SS_T	$k-1$	MS_T	MS_T/MS_E
집단-내	SS_E	$N-k$	MS_E	
합계	SST	$N-1$		

4. 분산분석의 종류

(1) 일원분산분석(Oneway ANOVA)

하나의 요인에 의해 종속변수에 대한 평균 차이를 검정한다. 일원분산분석을 위한 최소한의 조건은 정수값을 갖는 요인이 하나이고 종속변수(등간척도, 비율척도)가 하나이어야 한다.

(2) 이원분산분석(Twoway ANOVA)

두개의 독립변수(요인)에 의해 종속변수에 대한 평균치 차이를 검정한다. 이원ANOVA에서 A요인에 대해 a개의 다른 수준이 있고, B요인에 b개의 다른 수준이 있다고 하자. 이때 두개의 요인들에 대한 (a × b)개의 서로 다른 조합이 있다. 여기서 각각의 가능한 값의 조합을 처리(treatment)라 부른다. (a × b)를 직사각형 형태의 표에 기록했을 때 a는 행의 수이고 b는 열의 수이다. 행과 열의 교점을 셀(cell)이라 한다. 이원분산모형은 각 셀에 하나의 관찰치가 있는 모형과 각 셀에 다수의 관찰치가 있는 모형으로 나누어 진다.

(3) 다원분산분석(K-way ANOVA)

k개의 독립변수(요인)에 의해 종속변수에 대한 평균치 차이를 검정한다.

[예제 일원분산분석] 업종별 경상이익 신장율 비교 (data2.sav)

수집된 기업자료를 바탕으로 4개 업종별 경상이익 신장율에 차이가 있는지 검증하고자 한다. (95% 신뢰수준)

SPSS 절차

분석 ——→ 평균비교 ——→ 일원배치분산분석

입력된 자료

	id	a7	a9	a15	a16	a17
1	1	1	1	6	6	3
2	2	1	3	7	4	4
3	3	1	3	4	4	3
4	4	3	.	6	5	4
5	5	2	1	6	2	6
6	6	1	3	3	3	2
7	7	1	1	5	5	6
8	8	1	1	3	2	5
9	9	2	2	7	7	5
10	10	5	.	7	4	5
11	11	1	3	5	5	4
12	12	1	3	6	6	5

풀 이

분산의 동질성에 대한 검정

h77

Levene 통계량	자유도1	자유도2	유의확률
16.120	3	247	.000

첫 단계로 분산의 동질성 검정을 통해 모집단의 동질성을 검증한다. 즉 분산분석이 유용하기 위해서는 표본이 무작위적으로 추출되었으며 모집단은 동일한 분산을 가지고 있다는 가정을 충족시켜야 한다. 그래서 현재 분석하고 있는 자료가 이러한 가정을 충족시키는가를 알아보기 위해 Levene통계량을 사용하며, 여기서는 Levene통계량값이 16.120으로 충분히 크며, 또한 유의확률이 0.05의 유의수준에서 유의하게 나타나 4종류의 업종에 대한 모집단의 분산이 동일하다는 귀무가설이 기각된다. 따라서 표본이 동일한 집단 환경에서 추출되었는지 또한 의도적이 것이 아닌 무작위 추출에 의해 추출되었는 가를 검증하는 것이 분산의 동질성 검증이다. 본 사례의 경우에는 분산의 동질성 검정에 위해되고 있으나 분산분석은 본 가정에 안정적(robust)한 것으로 알려지고 있어 결과를 해석하였다.

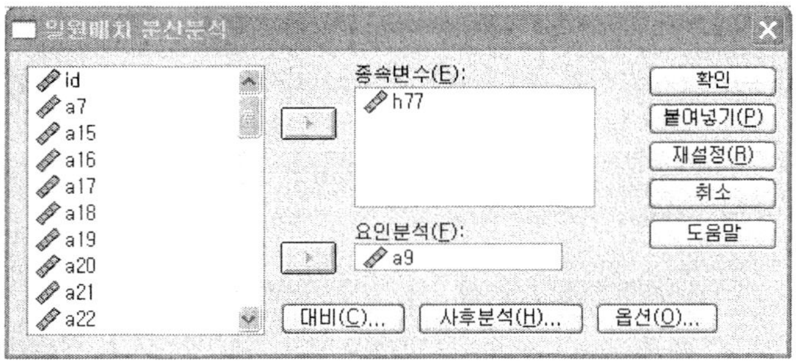

분산분석

h77

	제곱합	자유도	평균제곱	F	유의확률
집단-간	2.54E+012	3	8.45E+011	3.586	.014
집단-내	5.82E+013	247	2.36E+011		
합계	6.08E+013	250			

이상의 결과를 고려한다면 집단간 변동 수준이 집단내 변동수준에 비하여 통계적으로 의미있는 수준으로 높은 것으로 나타나 F 통계량이 3.58수준을 보이고 있다. 5% 유의수준 기준으로 유의확률이 더욱 낮은 수준을 보이고 있어 최소한 한 개 이상의 업종에서 경상이익 신장율에 차이가 있을 수 있다는 통계적 증거를 확보할 수 있다. 다만 이렇게 분산분석을 실시하는 경우에 어떤 업종간에서 평균수준에 차이가 있는지 파악하는 것은 불가능하므로 분산분석 결과가 유의한 경우라면 반드시 사후분석 결과를 살필 필요가 있다.

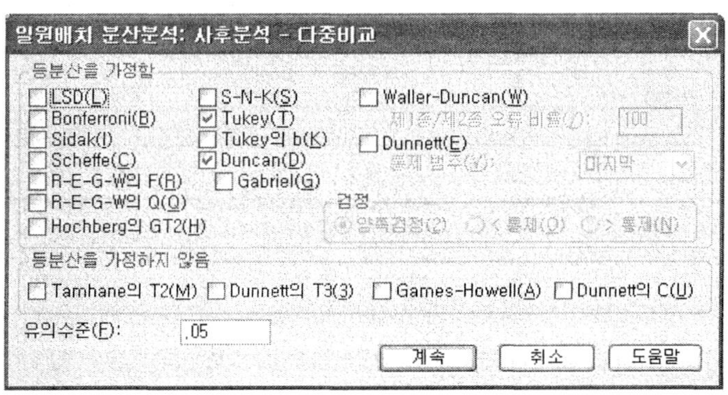

사후분석 메뉴에서 가장 많은 활용빈도를 보이는 쌍별 사후 다중비교 검정 방법들을 간단히 정리하면 다음과 같다.

옵션키워드	내용
LSD (Least-significant difference)	최소유의차 다중비교 검정을 실시하며 유의수준은 0에서 1까지의 값이 된다.
Bonferroni	주로 시뮬레이션 결과비교에서 활용된다.
Dunkan (multiple range test)	던칸의 다중범위 검정을 실시하며 유의수준으로는 .01, .05, .01만을 지정할 수 있다.
S-N-K (Student-Newman-Keuls)	스튜던트-뉴만-킬 검정을 하며 유의수준은 .05만을 사용할 수 있다.
Turkey	터키(Turkey)의 유의차 검정을 실시하며 유의수준은 .05만을 지정할 수 있다.
Turkey's - b	터키(Turkey)의 교대검정을 실시하며 유의수준은 .05만을 지정할 수 있다.
Scheffe	평균의 쌍 비교에서 부수적인 것으로 다른 다중비교 검정 보다 유의도에 있어서 평균간 더 큰 차이를 필요로 한다.

사회과학분야에서는 이 중에서도 Duncan, Tukey, Schffe 방법을 주로 사용하고 있으며 본 예제에서도 이들을 활용하여 사후검정을 실시한다.

풀 이

Tukey 쌍별사후분석 결과에 의하면 대기업은 중소기업과 유의한 차이가 있으며 중견기업은 대기업이나 중소기업과 통계적 차이가 없는 것으로 나타났다. Scheffe 검정에서는 0.1의 유의수준에서 대기업과 중소기업간의 경상이익 신장율에 차이가 있는 것으로 파악된다. 이러한 결과는 동일집단군 분류표에 의해 더욱 간단히 파악할 수 있다.

다중 비교

종속변수: h77

	(I) a9	(J) a9	평균 차이(I-J)	표준오차	유의확률	95% 신뢰구간 하한값	95% 신뢰구간 상한값
Tukey HSD	대기업	중견기업	28695.11040	117253.78	.995	-274594.2	331984.42
		중소기업	212643.90104*	79771.976	.041	6305.2504	418982.55
		4	-294323.83404	350570.95	.836	-1201113	612465.00
	중견기업	대기업	-28695.11040	117253.78	.995	-331984.4	274594.20
		중소기업	183948.79064	100396.04	.261	-75736.19	443633.77
		4	-323018.94444	355831.13	.801	-1243414	597375.89
	중소기업	대기업	-212643.90104*	79771.976	.041	-418982.6	-6305.2504
		중견기업	-183948.79064	100396.04	.261	-443633.8	75736.1890
		4	-506967.73509	345298.29	.458	-1400118	386182.80
	4	대기업	294323.83404	350570.95	.836	-612465.0	1201112.7
		중견기업	323018.94444	355831.13	.801	-597375.9	1243413.8
		중소기업	506967.73509	345298.29	.458	-386182.8	1400118.3
Scheffe	대기업	중견기업	28695.11040	117253.78	.996	-301358.0	358748.19
		중소기업	212643.90104	79771.976	.071	-11903.11	437190.91
		4	-294323.83404	350570.95	.872	-1281132	692484.60
	중견기업	대기업	-28695.11040	117253.78	.996	-358748.2	301357.97
		중소기업	183948.79064	100396.04	.342	-98652.09	466549.67
		4	-323018.94444	355831.13	.844	-1324634	678596.14
	중소기업	대기업	-212643.90104	79771.976	.071	-437190.9	11903.1067
		중견기업	-183948.79064	100396.04	.342	-466549.7	98652.0937
		4	-506967.73509	345298.29	.542	-1478934	464998.88
	4	대기업	294323.83404	350570.95	.872	-692484.6	1281132.3
		중견기업	323018.94444	355831.13	.844	-678596.1	1324634.0
		중소기업	506967.73509	345298.29	.542	-464998.9	1478934.4

*. 평균 차이는 .05 수준에서 유의합니다.

h77

	a9	N	유의수준 =.05에 대한 부집단
			1
Tukey HSD[a,b]	중소기업	175	437475.76
	중견기업	27	621424.56
	대기업	47	650119.67
	4	2	944443.50
	유의확률		.204
Duncan[a,b]	중소기업	175	437475.76
	중견기업	27	621424.56
	대기업	47	650119.67
	4	2	944443.50
	유의확률		.073
Scheffe[a,b]	중소기업	175	437475.76
	중견기업	27	621424.56
	대기업	47	650119.67
	4	2	944443.50
	유의확률		.279

동일 집단군에 있는 집단에 대한 평균이 표시됩니다.
a. 조화평균 표본 크기 - 7.092을(를) 사용
b. 집단 크기가 같지 않습니다. 집단크기의 조화평균이 사용됩니다. 제1종 오류 수준은 보장할 수 없습니다.

즉, 4개 업종별 부집단 분류에 의하면 5% 유의수준에서 차이가 있으나, 전체적으로 경상 이익률의 차이가 존재한다는 단일의 업종은 없는 것으로 분류하고 있으며 부집단 1에 모두 속해 있는 것으로 제시되고 있다.

[예제 일원 분산분석] 건전지의 수명비교 (data4.sav)

동일 브랜드의 MP3 플레이어에서 각기 다른 건전지를 사용하여 그 수명을 시간 단위로 측정하였다. 각 건전지의 수명에 차이가 있는 지를 5%의 유의수준에서 검정하고자 한다.

건전지 A	건전지 B	건전지 C
1521	1554	1587
1452	1587	1595
1507	1601	1584
1555	1577	1608
1499	1598	1621

입력된 자료

	건전지	수명시간	변수
1	1	1521	
2	1	1452	
3	1	1507	
4	1	1555	
5	1	1499	
6	2	1554	
7	2	1587	
8	2	1601	
9	2	1577	
10	2	1598	
11	3	1587	
12	3	1595	
13	3	1584	
14	3	1608	
15	3	1621	
16			
17			

풀 이

분산의 동질성에 대한 검정

수명시간

Levene 통계량	자유도1	자유도2	유의확률
.912	2	12	.428

분산분석

수명시간

	제곱합	자유도	평균제곱	F	유의확률
집단-간	24352.933	2	12176.467	18.310	.000
집단-내	7980.000	12	665.000		
합계	32332.933	14			

일원배치 분산분석 결과에 따르면, Levene통계량에 의해 분산의 동질성이 확보된 것으로 파악되었으며, 집단간 변동과 집단내 변동간의 비율에서 상대적으로 집단간 변동수준이 높은 것으로 나타났도 이에 따른 F통계량도 상당히 높은 수준을 보이고 있다. 유의수준 0.05에서 유의확률이 상대적으로 낮은 수준을 보이고 있어 귀무가설인 모든 전구 브랜드의 평균수명이 동일할 것이다를 기각하게 된다. 따라서 이렇게 귀무가설이 기각되는 경우에 사후분석을 통해 어떤 브랜드의 전구가 평균수명에서 차이를 보이는 지 검토하게 된다.

다중 비교

종속변수 : 수명시간

	(I)건전지	(J)건전지	평균 차이(I-J)	표준오차	유의확률	95%신뢰구간 하한값	95%신뢰구간 상한값
Tukey HSD	브랜드A	브랜드B	-76.600*	16.310	.001	-120.11	-33.09
		브랜드C	-92.200*	16.310	.000	-135.71	-48.69
	브랜드B	브랜드A	76.600*	16.310	.001	33.09	120.11
		브랜드C	-15.600	16.310	.617	-59.11	27.91
	브랜드C	브랜드A	92.200*	16.310	.000	48.69	135.71
		브랜드B	15.600	16.310	.617	-27.91	59.11
Scheffe	브랜드A	브랜드B	-76.600*	16.310	.002	-122.06	-31.14
		브랜드C	-92.200*	16.310	.000	-137.66	-46.74
	브랜드B	브랜드A	76.600*	16.310	.002	31.14	122.06
		브랜드C	-15.600	16.310	.643	-61.06	29.86
	브랜드C	브랜드A	92.200*	16.310	.000	46.74	137.66
		브랜드B	15.600	16.310	.643	-29.86	61.06

*평균 차이는 .05수준에서 유의합니다.

다중비교 결과에 따르면 브랜드B와 브랜드 C간에는 유의확률이 .643을 보이고 있어 0.05 유의수준에서 유의한 차이라고 보기 힘들지만 다른 쌍별 비교에서는 Tukey 테스트와 Scheff테스트에서 모두 차이가 있는 것으로 파악되고 있다.

수명시간

	건전지	N	유의수준=.05에 대한 부집단 1	2
TuKey HSD[a]	브랜드 A	5	1506.80	
	브랜드 B	5		1583.40
	브랜드 C	5		1599.00
	유의확률		1.000	.617
Duncan[a]	브랜드 A	5	1506.80	
	브랜드 B	5		1583.40
	브랜드 C	5		1599.00
	유의확률		1.000	.358
Scheffe[a]	브랜드 A	5	1506.80	
	브랜드 B	5		1583.40
	브랜드 C	5		1599.00
	유의확률		1.000	.643

동일 집단군에 있는 집단에 대한 평균이 표시됩니다.
a. 조화평균 표본크기=5.000을(를) 사용

동일 집단군 분류에서도 브랜드 B와 C는 쌍별 비교에서의 결과와 동일하게 차이가 없는 집단으로, 즉 동일집단으로 분류되어 동일 모집단으로 볼 수 있다는 결론으로 귀결된다. 다만 브랜드 A는 다른 하위 부집단으로 분류되고 있어 모집단도 상이하다는 판단을 하게 된다.

5. 이원배치 분산분석(two-way ANOVA)

앞에서 요인이 하나인 일원배치 분산분석을 살폈는데, 여기에서는 두 가지 요인에 의해 표본을 구분하여 처리효과를 검정하는 이원배치 분산분석을 알아본다. 이원배치 분산분석중에서 본서에서는 반복없는 이원배치 분산분석에 대해서 알아볼 것이다.

예를 들어 합성유의 사용유무와 자동차 연비(km/L)간에는 어떤 관계가 있는지 파악한다면 일원배치 분산분석이 되지만, 승용차와 SUV차량으로 구분하여 이들 간의 관계를 파악하면 이원배치 분산분석이 된다.

		엔진오일 종류	
		합성유	광유
차량 종류	승용차	13.2 14.8 13.9 12.9 15.1	13.0 14.6 13.3 11.1 13.3
	SUV	11.1 10.9 9.9 9.7 11.5 10.0	10.9 8.8 7.9 8.9 9.4 9.7

이 경우에 네 집단으로 측정치 셀이 구분이 되며, 위의 표에서와 같이 무작위로 선정된 차량을 바탕으로 차량 종류에 관계없이 엔진오일의 종류에 따라 연비에 차이가 있는 것인지 혹은 엔진오일에 관계없이 차량 종류에 따라서 연비에 차이가 있는 것인지 파악할 수 있을 것이다. 마지막으로 오일의 종류나 차량의 종류만으로는 연비의 차이가 없으나 이들간의 결합에 의해 연비에 차이 나는지 파악될 수도 있을 것이다. 이때 전자 두 가지 효과를 주효과(main effect)라 하며 마지막 효과를 상호작용효과(interaction effect)라고 부른다. 이 경우의 가설은 ① 차량 종류에 관계없이 연비 차이는 없을 것이다. ② 오일종류에 관계없이 연비는 동일할 것이다. ③ 두 요인간의 상호작용효과는 없을 것이다 하는 세 가지의 귀무가설이 가능하다. 이원배치 분산분석의 모형은 다음과 같다.

$$Y_{ijk} = \mu + \alpha_i + \beta_j + (\alpha\beta)_{ij} + \epsilon_{ijk},$$

$$i = 1, 2, \cdots, l, \quad j = 1, 2, \cdots, m, \quad k = 1, 2, \cdots, r$$

μ : 총평균, α_i : 요인 A의 i번째 수준 효과

β_j : 요인 B의 j번째 수준 효과

$(\alpha\beta)_{ij}$: 요인 A, B의 상호작용 효과

ϵ_{ijk} : 서로 독립인 $N(0, \sigma^2)$를 따르는 오차

위의 모형에서 오차항은 다음과 같은 조건을 따라야 한다. 다만, 분산분석은 가정에 대해 다소 안정적(robust)인 분석으로 알려지고 있다.

i) 정규성: 오차항은 정규분포를 따라야 한다.
ii) 독립성: 모든 오차항은 상호 독립이다.

iii) 불편성: 오차항의 기댓값은 0이며 편의는 없다.

iv) 등분산성: 오차항의 분산은 모두 σ^2이다.

이원분산분석에서의 분산분석표는 분산분석 모형에서의 계산 결과를 간단하게 요약하여 표로 정리하고 있어 분석결과를 쉽게 판단할 수 있다.

요인	제곱합	자유도	제곱평균	F비
제 1 요인	SS_A	$l-1$	$MS_A = \frac{SS_A}{l-1}$	MS_A/MS_E
제 2 요인	SS_B	$m-1$	$MS_B = \frac{SS_B}{m-1}$	MS_B/MS_E
오 차	SS_E	$(l-1)(m-1)$	$MS_E = \frac{SS_E}{(l-1)(m-1)}$	
합계	SST	$N-1$		

앞의 엔진오일에 대한 사례를 이원분산분석으로 검정하고자 한다. (data5.sav)

SPSS 절차

분석 ——▶ 일반선형모형 ——▶ 일변량

입력된 자료

	차량종류	엔진오일	연비
1	1.00	1.00	13.20
2	1.00	1.00	14.80
3	1.00	1.00	13.90
4	1.00	1.00	12.90
5	1.00	1.00	15.10
6	1.00	2.00	13.00
7	1.00	2.00	14.60
8	1.00	2.00	13.30
9	1.00	2.00	11.10
10	1.00	2.00	13.30
11	2.00	1.00	11.10
12	2.00	1.00	10.90
13	2.00	1.00	9.90
14	2.00	1.00	9.70
15	2.00	1.00	11.50
16	2.00	1.00	10.00
17	2.00	2.00	10.90
18	2.00	2.00	8.80
19	2.00	2.00	7.90
20	2.00	2.00	8.90
21	2.00	2.00	9.40
22	2.00	2.00	9.70
23			

풀 이

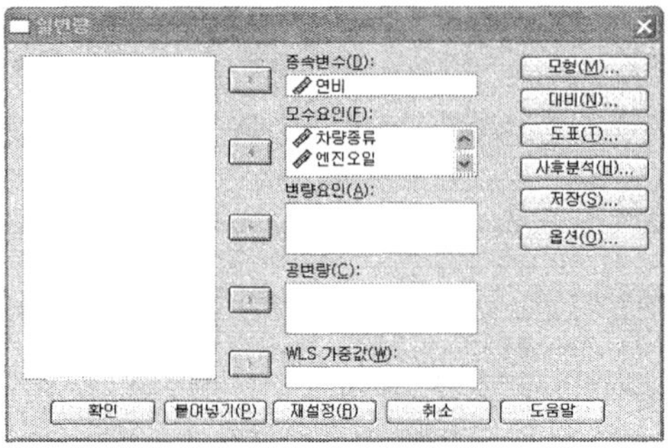

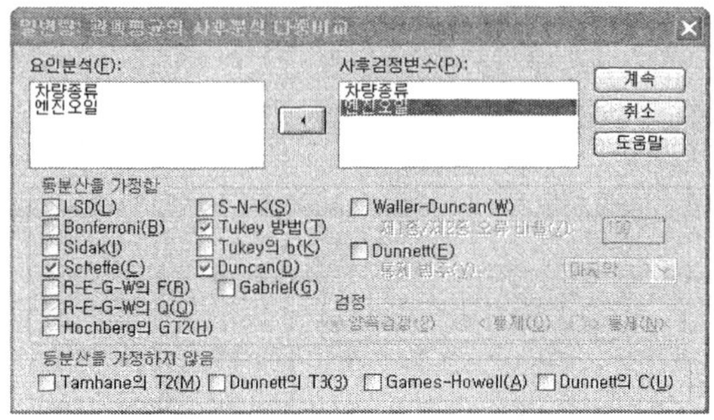

모수요인으로 차량종류 및 엔진오일의 종류를 확인하고 사후검정을 위해 각 요인들을 포함하여 이변량 분산분석을 실시한다.

개체-간 효과 검정

종속변수 : 연비

소스	제Ⅲ유형 제곱합	자유도	평균제곱	F	유의확률
수정 모형	78.612[a]	3	26.204	26.348	.000
절편	2989.670	1	2989.670	3006.092	.000
차량종류	71.808	1	71.808	72.202	.000
엔진오일	6.421	1	6.421	6.456	.020
차량종류 * 엔진오일	.149	1	.149	.149	.704
오차	17.902	18	.995		
합계	3026.750	22			
수정 합계	96.513	21			

a. R 제곱=.815(수정된 R 제곱=.784)

다만 본 예의 경우에는 모든 요인들의 집단 수가 2개이므로 추가적인 사후검정은 사실상 필요 없게 된다. 분석결과에 따르면 차량종류에 따른 주효과는 F 통계량이 72.202로 유의하고 엔진오일의 주효과도 6.456의 F통계량을 보이고 있어 유의한 것으로 나타났다. 따라서 차량 종류와 엔진오일의 종류에 따라서 연비에 차이가 있음이 확인되었다. 다음으로 상호작용의 경우에는 F 통계량이 .149로 0.05의 유의수준에서 유의하지 않은 것으로 확인되었다. 이러한 결과는 프로파일 도표를 통해 추가적으로 확인할 수 있다.

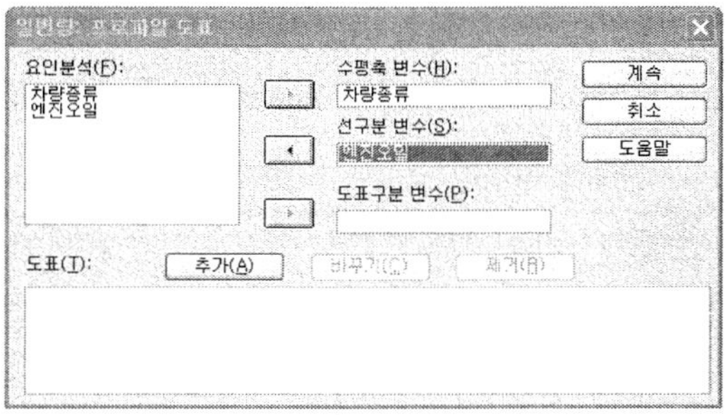

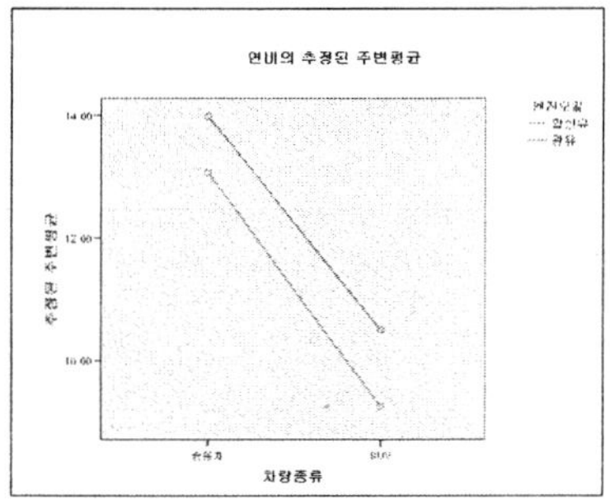

즉, 차량아 승용차에서 SUV로 바뀌면서 동일한 패턴으로 합성유의 연비가 광유에서의 연비에 비해 높게 나타나고 있어 두 가지 요인간의 상호작용효과는 무시할 수 있는 수준으로 확인된다.

§ F 분포 §

두 독립모집단의 분산을 비교하기 위해 F 분포를 활용한다. 평균이 각각 μ_1, μ_2이고 분산은 동일한 두 모집단이 있는 경우에, 확률변수 F는 두 모집단으로부터 각각 크기가 N_1, N_2인 독립표본을 추출한 각 집단에서의 표본분산 s_1^2, s_2^2의 상대적 비율이 된다.

$$F = \frac{s_1^2}{s_2^2}$$

각 집단에서의 표본분산은 $s^2 = \frac{\sigma^2}{N-1}\chi^2(N-1)$이므로, 분자와 분모의 자유도를 고려하면 F는 다음과 같이 표기할 수 있다.

$$F = \frac{\chi^2(df_1)/df_1}{\chi^2(df_2)/df_2}$$

F분포는 각 자유도에 따라 분포모양에 차이가 있으며, F분포의 평균과 분산은 다음과 같다.

평균: $df_2/(df_2-2)$

분산(df_2 > 4인 경우): $\frac{2df_2^2(df_1+df_2-2)}{df_1(df_2-2)^2(df_2-4)}$

8장. 단순회귀분석

8장. 단순회귀분석

1. 분석 의의

변수들간의 관련성을 파악할 수 있다면, 변수의 변화를 바탕으로 다른 변수를 예측할 수 있을 것이다. 이와같은 변수들간의 관련성을 회귀식이라는 함수식을 바탕으로 찾고자 하는 분석법이 회귀분석(regression analysis)이다. 회귀분석은 두 변수간의 연관관계를 알아보고자 할 때 사용하는 기법이다. 이 연관관계는 종속변수(dependent variable)라 불리는 변수가 독립변수(independent vaiable)라 불리는 또 다른 변수들에 의해 어떻게 영향을 받는가 하는 관계를 바탕으로 구조화된다. 종속변수는 독립변수에 의해 영향을 받고 결정되는 변수이고 독립변수는 연구자가 통제할 수 있는 변수로서 종속변수에 영향을 미칠 수 있다고 보는 변수들이다. 회귀분석에는 독립변수가 하나인 단순회귀모형(simple regression model)과 독립변수가 2개 이상인 다중회귀모형(multiple regression model)으로 구분된다.

2. 회귀분석의 용도

회귀분석은 크게 독립변수가 종속변수의 변화에 어떤 역할을 수행하며 종속변수의 변화에 대한 독립변수의 영향력을 상호비교하기 위한 분석 목적과 독립변수의 변화에 따라서 종속변수는 어떤 방향으로 어느 정도의 영향을 받는지 파악하는 예측 목적으로 구분된다.

3. 회귀분석의 절차

회귀분석은 일반적으로 다음과 같은 절차를 거친다.

단계 1 : 두 변수가 선형관계를 가지는지를 알아보기 위해 산포도(scatter diagram)를 그린다.

단계 2 : 최소자승법(least square method)으로 최적의 선형식을 구한다.

단계 3 : "선형식의 기울기=0"라는 귀무가설을 기각할 것인지를 검증하기 위하여 분산분석과 회귀계수의 유의성을 실시한다.

단계 4 : 회귀식의 계수 및 모형의 유의성을 바탕으로 결론을 도출한다.

4. 산포도

두 변수간의 관계를 규명하는데 있어 산포도 작성을 통해 대략적 관계를 파악하게 된다. 산포도는 좌표상에서 한 상의 측정치들을 표기하는 것으로 변수간의 관계가 직선형인지 곡선형인지 파악할 수 있고 기울기의 수준도 대략 파악할 수 있다. 산포도의 예는 다음과 같다.

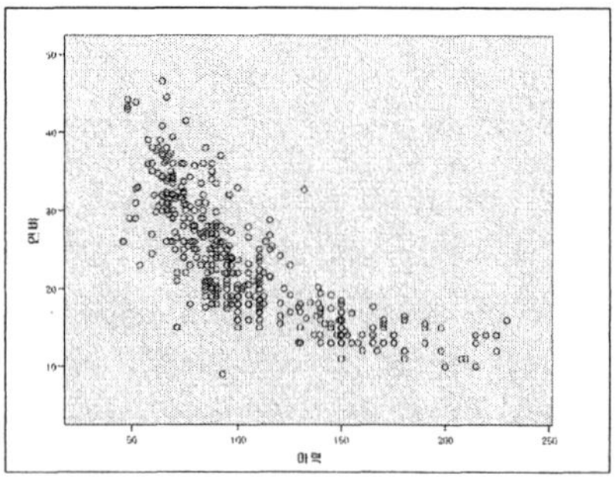

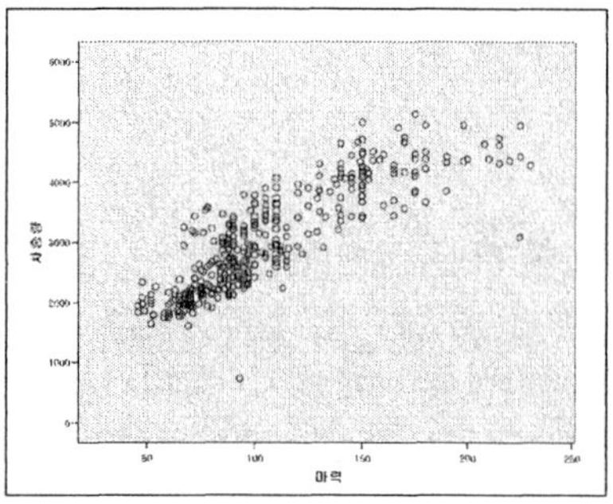

그러나 산포도만으로는 두 변수간의 관계를 구체적으로 파악하는데는 한계가 있다. 두 변수간의 관계를 구체적으로 계량화하여 파악하고자 한다면 수식을 통해서 가능한데 이와 같이 종속변수와 독립변수의 관계를 수식으로 회귀식이라고 한다.

5. 모집단의 회귀모형

모집단을 대상으로 독립변수와 종속변수간의 관계를 나타낸 회귀식은 다음과 같다.

$$\mu_x = \beta_0 + \beta_1 X$$

여기에서 β_1은 독립변수 X와 종속변수 Y의 기울기로서 영향력의 크기를 의미한다. 그러나 회귀식으로부터 구한 수치와 실제 측정치간에는 오차($E_i = Y_i - \mu_x$)가 존재할 수 밖에 없다. 위의 내용을 포함하여 모집단의 회귀식을 정리하면 다음과 같다.

$$Y_i = \beta_0 + \beta_i X_i + E_i$$

여기에서 β_0은 절편에 해당하는 상수항이다. 따라서 모집단의 회귀식은 두 계수인 β_0, β_1가 된다. 확률오차항 e_i는 다음의 성질을 갖는 것으로 가정한다.

i) e_i는 정규분포를 따른다.
ii) 잔차의 합 $E(e_i) = 0$
iii) e_i의 분산은 X_i의 모든 값에 대해 동일하다.
iv) 오차항은 서로 독립이다 (이 가정의 위반은 공선성)
v) 오차항 e_i 는 X_i와 독립이다.

6. 표본회귀모형

모집단에는 두 변수의 측정치가 상당히 많기 때문에 이들을 모두 활용하여 회귀식을 구한다는 것은 사실상 불가능하다. 따라서 실제 측정가능한 표본을 추출하여 회귀계수를 추출한 후에 모회귀계수를 추정하는 절차를 따르게 된다. 결국 회귀분석은 표본으로 산정된 표본회귀계수를 통하여 회귀식의 절편인 β_0 와 기울기 값인 β_1을 추정하는 과정이라고 보아야 한다. 표본회귀식은 다음과 같다.

$$\widehat{Y_i} = b_o + b_1 X_i$$

이러한 표본회귀식에서 b_0, b_1을 구하게 되면 모든 측정치 X에 대한 Y값을 추정할 수 있게 될 것이다. 여기에서는 최소자승법을 중심으로 전개한다. 우선 최소제곱법은 오차의 제곱합을 최소화하는 방법으로 미지수를 추정하는 방법이다.

$$D = \sum_{i=1}^{n} (y_i - \beta_0 - \beta_1 x_i)^2 \ : \text{ 오차의 제곱합}$$

i) D를 β_0, β_1에 대하여 각각 편미분한다.

$$\frac{\partial D}{\partial \beta_0} = -2\sum_{i=1}^{n}(y_i - \beta_0 - \beta_1 x_i)$$

$$\frac{\partial D}{\partial \beta_1} = -2\sum_{i=1}^{n}(y_i - \beta_0 - \beta_1 x_i)x_i$$

ii) 편미분값을 0으로 하는 β_0, β_1 의 추정량을 $\hat{\beta}_0$, $\hat{\beta}_1$으로 놓고 편미분하여 얻어진 정규방정식을 구한다.

$$n\hat{\beta}_0 + \hat{\beta}_1 \sum x_i = \sum y_i$$

$$\hat{\beta}_0 \sum x_i + \hat{\beta}_1 \sum x^2_{=\sum x_i y_i i}$$

iii) 이 식을 통해 β_0와 β_1에 대한 최소제곱 추정량을 구한다.

$$\hat{\beta}_1 = \frac{\sum_{i=1}^{n}(x_i - \bar{x})(y_i - \bar{y})}{\sum_{i=1}^{n}(x_i - \bar{x})^2}$$

$$\hat{\beta}_0 = \bar{y} - \hat{\beta}_1 \bar{x}$$

표본으로부터 회귀식을 구한 후 적합도 검정을 통해 표본회귀식이 측정치를 얼마나 잘 표현해주고 있는지를 파악하게 된다. 표본회귀식 주위의 측정치들의 산포 수준을 통해 파악하는 방법과 측정치들의 변동을 표본회귀식이 얼마나 잘 설명해주고 있는가를 통해 파악하는 두 가지 방법을 통해 적합도를 검증하게 된다.

회귀분석에서 종속변수의 측정치 Y_i와 평균 $\overline{Y}$간의 차이를 총편차라 하며 총편차는 회귀편차(SSR)와 오차(SSE)로 구분된다.

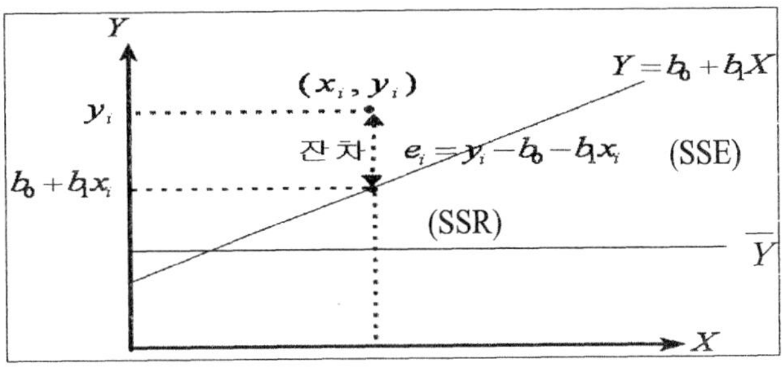

여기에서 SSE는 회귀식으로 측정치를 설명할 수 없는 오차로 잔차(residual)라 부르며 SSR은 회귀식으로 설명이 가능한 변동부분이 된다. 따라서 SST=SSR+SSE로 정리되고 변환하면 다음과 같다.

$$
\begin{aligned}
SSE &= \sum(Y_i - \widehat{Y_i})^2 \\
&= \sum[(Y_i - \overline{Y}) - (\widehat{Y_i} - \overline{Y})^2] \\
&= \sum(Y_i - \overline{Y}) - \sum(b_0 + b_1X_i - b_0 - b_1\overline{X})^2 \\
&= \sum(Y_i - \overline{Y})^2 - b_1^2\sum(X_i - \overline{X})^2 \\
&= SST - SSR
\end{aligned}
$$

또한 측정치들의 변동을 설명하는 수준을 결정계수는 SSR / SST로 표기되고 모든 측정치들이 회귀선상에 위치하는 경우에 SSE가 0이 되므로 이때 결정계수(R^2)는 1이 된다.

7. 회귀계수의 유의성 검증

먼저 기울기(b_1)의 검정 추정량은 다음과 같다.

$$\frac{b_1 - \beta_1}{S(b_1)} \sim t(n-2)$$

i) 귀무가설은 회귀계수 β_1 = 0이라고 놓는다. 이 때 검정통계량은 t값으로서 t검증을 위해서는 t분포표를 이용한다.(자유도는 n-2)

ii) 임계치는 다음과 같이 계산된다.

$$A_1 = 0 + t(\frac{\alpha}{2};n-2)\sqrt{\frac{MSE}{\sum(X_t-\overline{X})^2}}$$

$$A_2 = 0 + t(1-\frac{\alpha}{2};n-2)\sqrt{\frac{MSE}{\sum(X_i-\overline{X})^2}}$$

따라서 b_1이 A_1과 A_2사이 수준이면 귀무가설을 채택하여 회귀계수 즉 기울기가 0으로 보게된다. 따라서 독립변수의 종속변수에 대한 영향력은 무시할 수 있는 수준이라고 결론내린다. 반대로 A_1보다 작거나 A_2보다 크다면 회귀계수의 통계적 유의성이 확인이 되었다고 보아야 하며 의미있는 영향력을 미치는 것으로 결론내린다. 다음으로 절편인 b_0의 추정은 MSE를 활용하여 표본분산을 구한 후 다음과 같이 정리한다.

$$S^2(b_0) = MSE(\frac{1}{n} + \frac{\overline{X^2}}{\sum(X_i - \overline{X^2})})$$

표본분산을 바탕으로 b_0의 추정통계량은 다음과 같이 정리된다.

$$\frac{b_0-\beta_0}{S(b_0)} \sim t(n-2)$$

이상의 과정에서처럼, 귀무가설을 검증하려면 자유도(df)를 고려한 5%의 유의수준에서 임계치 t값과 계산된 검정통계량 t값을 비교하여 계산된 t값이 기각역에 속하는지 아니면 채택역에 속하는지를 확인해야 한다. 그러나 t분포표에서 5% 유의수준일때 자유도를 고려하여 임계치 t값을 찾아 비교하는 과저의 번거로움을 고려하여 제시된 유의확률(p 값)을 활용, 유의수준과 비교하여 검정을 수행한다.

회귀분석에서는 분산분석표를 활용하여 모형에서의 계산 결과를 간단하게 요약하고 회귀모형의 검정을 수행할 수 있다.

요 인	제곱합	자유도	제곱평균	F비
회 귀	SS_R	1	$MS_R = \frac{SS_R}{1}$	MS_R / MS_E
오 차	SS_E	$n-2$	$MS_E = \frac{SS_E}{(n-2)}$	
합계	SST	$n-1$		

[예제 단순회귀분석] 공부시간과 국어점수(data1. sav)

학생들을 대상으로 표본으로 선정된 78명의 시험기간 동안 공부시간과 국어점수를 조사하였다. 회귀분석을 실시하고 통계적의미를 제시하고자 한다.

SPSS 절차

분석 ——→ 회귀분석 ——→ 선형

입력된 자료

	국어점수	점수구간	성별	공부시간	작문만족도	읽기만족도	변수
1	60.00	6.00	1	8	6	3	
2	58.00	6.00	2	5	4	4	
3	68.00	7.00	2	6	4	3	
4	54.00	6.00	2	4	5	4	
5	39.00	4.00	2	5	2	6	
6	88.00	9.00	2	8	3	2	
7	94.00	10.00	2	6	5	6	
8	68.00	7.00	2	5	2	5	
9	77.00	8.00	2	3	7	5	
10	75.00	8.00	1	2	4	5	
11	86.00	9.00	2	4	5	4	
12	88.00	9.00	2	5	6	5	
13	89.00	9.00	2	7	6	5	
14	68.00	7.00	1	4	7	6	

이상의 자료를 바탕으로 표본상관계수를 구하고 회귀직선모형을 계산하고자 한다.

풀 이

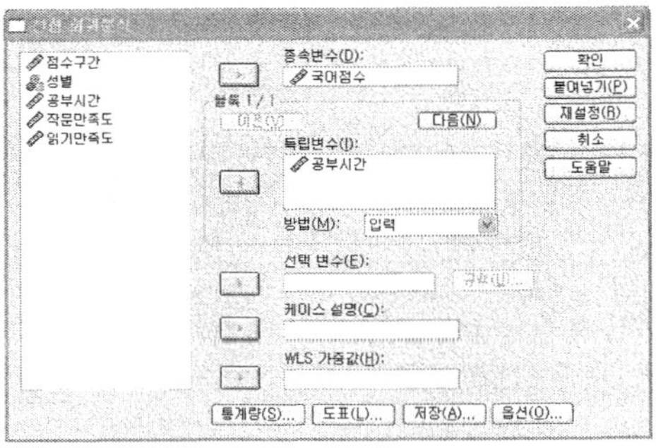

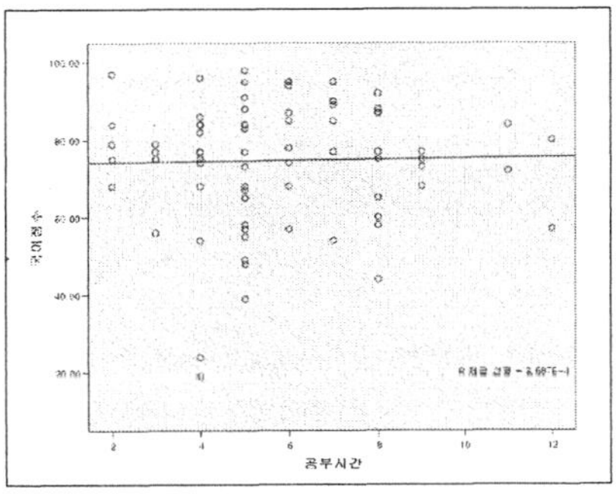

위의 산점도에서 볼 수 있는 것처럼, 두 변수간의 관계를 선형으로 보는 경우에 표본회귀계수의 크기는 아주 작은 수치일 것으로 보인다. 선형회귀분석을 통해 살펴본 분석결과는 다음과 같다.

모형 요약

모형	R	R 제곱	수정된 R 제곱	추정값의 표준오차
1	.019[a]	.000	-.013	16.28234

a. 예측값: (상수), 공부시간

분산분석[b]

모형		제곱합	자유도	평균제곱	F	유의확률
1	선형회귀분석	7.229	1	7.229	.027	.869[a]
	잔차	20148.719	76	265.115		
	합계	20155.949	77			

a. 예측값: (상수), 공부시간
b. 종속변수: 국어점수

계수[a]

모형		비표준화 계수		표준화 계수	t	유의확률
		B	표준오차	베타		
1	(상수)	73.866	5.042		14.650	.000
	공부시간	.135	.819	.019	.165	.869

a. 종속변수: 국어점수

측정치 변동에 대한 회귀모형의 설명력인 결정계수는 0에 가까운 수준을 보이고 있으며, MS_R / MS_E인 F통계량은 .027로 회귀부분이 상당히 작다는 것을 알 수 있다. 회귀계수는 .135를 보이고 절편은 73.866을 나타내고 있다. 단순 회귀모형의 경우에 유의확률이 .869를, 회귀계수의 유의확률도 동일하게 .869를 보인다는 점에 주의해야 할 것이다. 결과적으로 95% 신뢰수준에서 유의하지 않은 것으로 나타나 회귀계수는 0일 것이다라는 귀무가설이 받아들여지고, 공부시간이 국어점수에 미치는 영향은 사실상 없다라고 결론 내린다.

[예제 단순회귀분석] 교육연수와 입사급여 (data6. sav)

입력된 자료

	근무지	교육연수	직종	경력	현급여수준	입사급여수준	변수
1	1	15	3	144	65550000.00	31050000.00	
2	2	16	1	36	46230000.00	21562500.00	
3	1	12	1	381	24667500.00	13800000.00	
4	1	8	1	190	25185000.00	15180000.00	
5	1	15	1	138	51750000.00	24150000.00	
6	2	15	1	67	36915000.00	15525000.00	
7	2	15	1	114	41400000.00	21562500.00	
8	1	12	1	0	25185000.00	11212500.00	
9	2	15	1	115	32085000.00	14662500.00	
10	1	12	1	244	27600000.00	15525000.00	
11	1	16	1	143	34845000.00	18975000.00	

이상의 자료를 바탕으로 교육연수에 따라서 입사당시 급여수준에 달라진다면 결국 교육연수는 종업원들의 급여수준에 영향을 미친다고 보아야 할 것이다. 회귀분석을 수행하기 전에 산포도를 작성하고 선형관계를 대략 살펴보면 다음과 같다.

풀 이

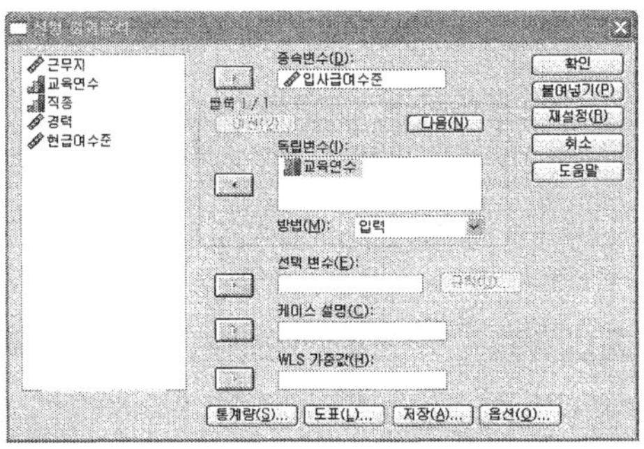

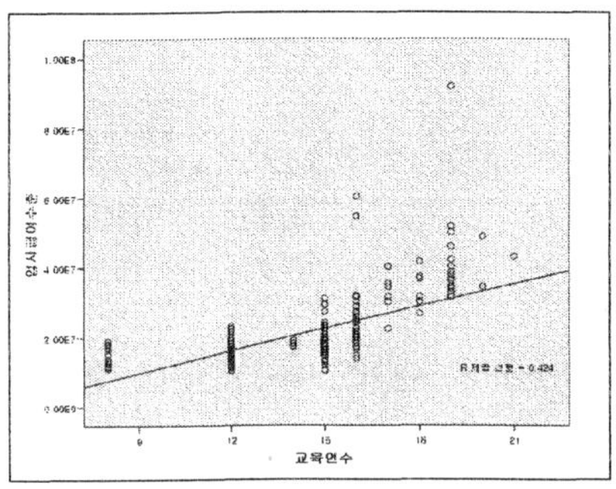

산점도에서 볼 수 있는 것처럼, 교육연수에 따라 선형으로 입사급여수준간의 관계를 표기할 수 있음을 제시하고 있으므로 이들 간의 인과관계를 파악한다.

모형 요약

모형	R	R 제곱	수정된 R 제곱	추정값의 표준오차
1	.651[a]	.424	.422	7100900.2

a. 예측값: (상수), 교육연수

분산분석[b]

모형		제곱합	자유도	평균제곱	F	유의확률
1	선형회귀분석	1.08E+016	1	1.08E+016	214.206	.000[a]
	잔차	1.47E+016	291	5.04E+013		
	합계	2.55E+016	292			

a. 예측값: (상수), 교육연수

b. 종속변수: 입사급여수준

계수[a]

모형		비표준화 계수		표준화 계수	t	유의확률
		B	표준오차	베타		
1	(상수)	-9463701	2031182.8		-4.659	.000
	교육연수	2133272.0	145757.362	.651	14.636	.000

a. 종속변수: 입사급여수준

단순회귀분석 결과에 따르면, 측정치 변동에 대한 회귀모형의 설명력인 결정계수는 .424를 보이고 있어 상당히 높은 수준을 나타내고 있으며 회귀모형의 검정에서 214.2수준의 F통계량으로 모형의 적합도는 높은 것으로 파악되었다. 또한 회귀계수는 2133272의 계수값을 보이고 t통계량도 유의하며 -9463701의 절편값이 산정되었다. 이러한 결과를 바탕으로 식을 도출하면 비표준화된 회귀계수를 활용하는 경우와 표분화된 회귀계수를 활용하는 경우에 차이를 두어야 한다.

$$\text{입사급여수준} = -9463701 + 2133272.0X_i(\text{원})$$

혹은

$$\text{입사급여수준} = -9463701 + .651X_i$$

로 표기되어야 한다. 단순회귀분석에서는 단위를 사용하여 식을 표기하는 경우에는 어떤 형태도 가능하지만 다중회귀분석에서는 독립변수간의 단위가 상이할 수 있으므로 후자인 표준화된 회귀계수를 사용해야 한다.

8. 다중회귀분석

독립변수의 수가 2개 이상인 경우에 독립변수들과 종속변수간의 관계를 규명하는 분석방법을 다중회귀분석(multiple regression) 혹은 중회귀분석이라고 한다. 모집단의 독립변수 X_1, X_2, $X_{3,} \cdots, X_n$과 종속변수 Y간의 관계를 파악하기 위해 측정가능한 표본들을 추출하여 회귀계수를 산출하여 모회귀계수를 추정하게 된다. 이때 모회귀계수의 추정치를 b_i라고하면, 표본회귀식은 다음과 같다.

$$\hat{Y} = b_0 + b_1X_1 + b_2x_2 + \cdots + b_nX_n$$

회귀계수와 절편을 알게된다면, 위 식을 이용하면 다양한 독립변수들의 값에 따른 종속변수의 수준을 예측할 수 있게 된다. 다중회귀모형의 절차, 가정, 그리고 회귀계수의 유의성 검증은 단순회귀모형과 비슷하다. 단순회귀모형에서와 같이 독립변수의 변동에 대한 회귀모형의 설명수준을 결정계수로 평가하는데 다중 회귀모형에서는 조정결정계수를 활용해야 할 것이다. 회귀모형에 새로운 독립변수를 추가하는 경우, 새로운 변수의 추정된 계수가 0이 아니면 SSE를 감소시키고 따라서 R^2(=결정계수)의 값을 증가시킨다. 이처럼 R^2은 회귀모형에 포함된 설명변수의 수에 의존한다. 회귀모형에 포함된 설명변수의 수를 고려하는 적합도의 다른 척도를 조정결정계수(adjusted R^2 : $\overline{R^2}$)라 하고 다음과 같이 계산된다.

$$\overline{R^2} = 1 - \frac{SSE/(n-k-1)}{SST/(n-1)} = 1 - \frac{n-1}{n-k-1}(1-R^2)$$

위 식에서 보면 SSE는 설명변수가 추가되면 감소하지만 $(n-k-1)$도 감소한다. 따라서 회귀식의 표준오차는 증가 또는 감소할 수 있다. 만약 R^2가 0에 가깝고, k가 크면 이론적으로 $\overline{R^2}$는 음이 될 수 있다.

다중회귀분석에서는 회귀모형에 투입되는 독립변수 선택이 다양하게 제시되고 있다. 이들 변수선택방식중 중요한 몇 가지를 살펴보면 다음과 같다.

변수선택방법	의 미
입력(enter)	강제 투입방식으로 연구자가 설정한 모든 독립변수를 회귀모형에 투입한 경우의 모형 적합도 검정에 목적을 둔다.
단계선택(stepwise)	다중회귀분석에서 가장 일반적으로 활용되는 방법이다. 중요도 순으로 독립변수가 선택되다가 유의성이 없는 변수들만 남으면 모든 변수투입과정은 종료된다. 선택조건을 충족하는 독립변수가 남아있는 경우에는 가장 큰 부분상관계수를 가지는 변수가 순차적으로 선택된다. 추가 개선되는 모형에 따라서 기존 독립변수가 제거될 수 있다.
후진(backward)	처음에는 모든 독립변수들을 포함하고 중요도가 낮은 변수들을 차례대로 제거하는 방식으로 전개한다.
전진(forward)	종속변수와의 상관성이 가장 높은 변수부터 순차적으로 회귀모형에 포함시켜 나가는 변수투입방법이다.

다중회귀분석에서의 귀무가설은 다수의 독립변수를 고려하여 산정되어야 한다.

귀무가설(H_o): $\beta_1 = \beta_2 = \beta_3 \cdots = \beta_n$

[예제 다중회귀분석] 교육연수와 경력이 현급여수준에 대한 영향력

수집된 표본자료를 바탕으로 종업원들의 근무연수와 경력수준이 현재 급여에 어떤 영향을 미치는지 파악하고자 한다.

SPSS 절차

분석 ——→ 회귀분석 ——→ 선형

입력된 자료

	근무지	교육연수	직종	경력	현급여수준	입사급여수준	변수
1	1	15	3	144	65550000.00	31050000.00	
2	2	16	1	36	46230000.00	21562500.00	
3	1	12	1	381	24667500.00	13800000.00	
4	1	8	1	190	25185000.00	15180000.00	
5	1	15	1	138	51750000.00	24150000.00	
6	2	15	1	67	36915000.00	15525000.00	
7	2	15	1	114	41400000.00	21562500.00	
8	1	12	1	0	25185000.00	11212500.00	
9	2	15	1	115	32085000.00	14662500.00	
10	1	12	1	244	27600000.00	15525000.00	
11	1	16	1	143	34845000.00	18975000.00	
12	1	8	1	26	32602500.00	13800000.00	
13	2	15	1	34	31912500.00	16387500.00	
14	1	15	1	137	40365000.00	19320000.00	
15	1	12	1	66	31395000.00	15525000.00	
16	1	12	1	24	46920000.00	17250000.00	

풀 이

입력(Enter)변수투입방법을 바탕으로 다중회귀분석을 실시한다. 투입되는 독립변수는 모두 포함한다.

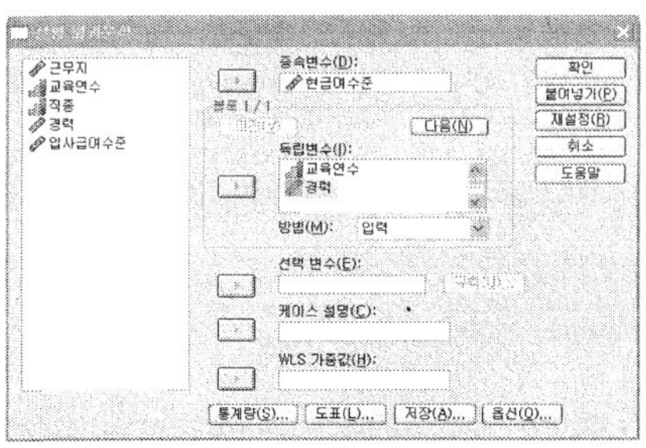

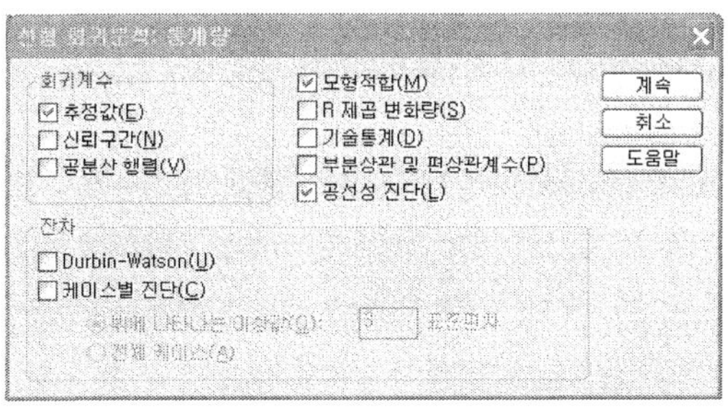

아울러 독립변수간의 독립성을 검토하여 다중공선성 수준을 파악하기 위해 공선성진단을 선택한다.

모형 요약

모형	R	R 제곱	수정된 R 제곱	추정값의 표준오차
1	.678[a]	.460	.456	15098215

a. 예측값: (상수), 경력, 교육연수

분산분석[b]

모형		제곱합	자유도	평균제곱	F	유의확률
1	선형회귀분석	5.63E+016	2	2.81E+016	123.434	.000[a]
	잔차	6.61E+016	290	2.28E+014		
	합계	1.22E+017	292			

a. 예측값: (상수), 경력, 교육연수

b. 종속변수: 현급여수준

계수[a]

모형		비표준화 계수		표준화 계수	t	유의확률	공선성 통계량	
		B	표준오차	베타			공차한계	VIF
1	(상수)	-27338541	4601170.0		-5.942	.000		
	교육연수	4928569.0	315287.566	.686	15.632	.000	.966	1.035
	경력	11075.680	8411.578	.058	1.317	.189	.966	1.035

a. 종속변수: 현급여수준

이상의 결과에서 .460수준의 결정계수를 보이고 있어 독립변수들의 변동에 대하여 회귀모형의 설명력은 상당히 높은 것으로 파악된다. 또한 123.43수준의 F 통계량으로 회귀모형의 적합성도 유의한 것으로 파악되고 있다. 따라서 모든 β_i가 0일 것이라는 귀무가설을 기각하여 최소한 1개 이상은 0이 아니라고 판단할 수 있다. 회귀계수에 대한 판단에서는 독립변수간의 단위가 표준화되어야 한다는 점에서 반드시 표준화된 베타로 회귀계수를 평가해야 한다. 교육연수는 0.05유의수준에서 유의하지만 경력수준은 낮은 t통계량(1.317)으로 유의하지 않은 것으로 파악되었다. 유의하지 않은 독립변수를 제외한다면 회귀식은 다음과 같이 표기된다.

$$\text{현재급여수준} = -27338541 + .686X_i$$

참고로 다중공선성 수준을 파악하기 위해 공차한계 수준을 살펴야 한다. 공차한계는 독립변수들간의 회귀모형에서의 1-R^2로써 이 수준이 높다는 것은 독립변수간의 회귀모형에서의 결정계수 수준이 낮다는 의미로 다중공선성이 크지 않은 것으로 판단한다. 반대로 공차한계의 수준이 낮은 경우에는 다중공선성이 심각한 것으로 보는데, 보편적으로 0.7이상이면 다중공선성에서 자유로운 것으로 판단한다. 본 사례의 경우에는 0.966의 공차한계를 보이고 있어 낮은 다중공선성을 보이고 있다. VIF는 분산확대지수로 공차한계의 역수를 의미한다.

9. 가변수 이용 회귀분석

종속변수에 영향을 미치는 독립변수가 정량적 변수가 아니고 범주적 변수일 때 각 범주에 따른 영향을 나타내는 변수를 가변수(dummy variable)라 한다. 가변수는 해당범주를 나타내기 위해 특별히 구성된 변수로서 관측대상이 해당범주에 속하면 1, 속하지 않으면 0의 값을 갖는다. (예: 남자=1, 여자=0; 있으면 1, 없으면 0)

[예제 가변수 이용 회귀분석] 현급여수준에 대한 교육연수, 근무지의 영향력 (data6.sav)

종업원들의 현급여수준에 영향을 미칠 수 있는 요소에서는 교육연수와 함께 근무지가 어디인가에 영향을 받을 수 있다. 근무지를 도시와 농어촌으로 구분하여 수집가능한 표본으로부터 자료를 모아 현재급여수준이 어떤 영향을 받고 있는지 5 % 유의수준에서 검증하고자 한다.

입력된 자료

	근무지	교육연수	직종	경력	현급여수준
1	1	15	3	144	65550000.00
2	2	16	1	36	46230000.00
3	1	12	1	381	24667500.00
4	1	8	1	190	25185000.00
5	1	15	1	138	51750000.00
6	2	15	1	67	36915000.00
7	2	15	1	114	41400000.00
8	1	12	1	0	25185000.00
9	2	15	1	115	32085000.00
10	1	12	1	244	27600000.00
11	1	16	1	143	34845000.00

풀　이

우선 근무지를 더미변수화하는 과정이 필요하다. 예제와 같이 변수가 두 종류일 때는 한 더미변수를 0과 1로 설정할 수 있다. 하지만 변수가 3개 이상이면 더미변수의 종류를 두 개 이상으로 입력하여야 한다. 예를 들어, 상중하 등의 명목변수를 더미변수로 설정할 때는 두개의 더미변수를 설정하며 하나의 더미변수에는 0,0,1 또 다른 변수에는 0,1,0으로 지정함으로써 상:00, 중:01, 하:10 등으로 결정한다. 따라서 코딩변경 메뉴를 활용하여 1, 2로 코딩되어있는 값을 0, 1로 변경하였다.

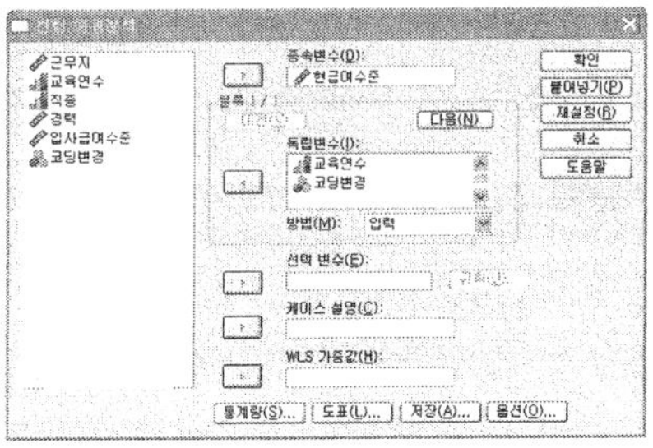

모형 요약

모형	R	R 제곱	수정된 R 제곱	추정값의 표준오차
1	.679[a]	.462	.458	15073267

a. 예측값: (상수), 코딩변경, 교육연수

분산분석[b]

모형		제곱합	자유도	평균제곱	F	유의확률
1	선형회귀분석	5.65E+016	2	2.82E+016	124.323	.000[a]
	잔차	6.59E+016	290	2.27E+014		
	합계	1.22E+017	292			

a. 예측값: (상수), 코딩변경, 교육연수
b. 종속변수: 현급여수준

0과 1의 코딩값으로 변경된 더미변수르 코딩변수으로 명명하고 분석을 수행하였다. 예를 들어 등간척도 이상의 자료를 더미모형으로 설정하는 경우에도 코딩변경 메뉴에서 범위설정으로 작업이 가능하다.

계수a

모형		비표준화 계수		표준화 계수	t	유의확률	공선성 통계량	
		B	표준오차	베타			공차한계	VIF
1	(상수)	-27582518	4539522.2		-6.076	.000		
	교육연수	4876909.3	309766.455	.679	15.744	.000	.998	1.002
	코딩변경	3048191.3	1854982.4	.071	1.643	.101	.998	1.002

a. 종속변수 : 현급여수준

회귀모형은 0.05유의수준에서 통계적으로 유의한 것으로 파악되었고 결정계수도 0.462로 상당히 높은 수준을 보이고 있다. 그리고 더미 회귀계수는 유의하지 않은 것으로 파악되었다. 더미변수가 유의하지 않다는 것은 근무지가 도시와 농어촌으로 구분될 때 각 집단별 종속변수인 현재급여에 차이가 없다는 의미이다. 이런 의미에서 더미회귀분석의 해석은 분산분석과 유사하다고 볼 수 있다. 따라서 최종적인 회귀식을 제시할 때눈 비유의적인 근무지는 독립변수에서 제외해야 할 것이다.

§ 계층적 회귀방법 §

집단간 제곱합은 자유도의 수만큼 분할될 수 있다. 따라서 SSR도 자유도인 (N-K-1)개 만큼으로 분할될 수 있다. 분할되는 방법으로는 표분회귀방법과 계층적 회귀방법이 있으며 최적의 회귀방정식을 구하기 위한 독립변수를 제거, 선택에 사용되어진다.

표준회귀방법은 다른 모든 독립변수가 회귀방정식에 포함되어 있는데 하나의 독립변수가 추가되는 경우에 R^2의 증분과 대응하는 회귀계수를 검정하는데 활용되는 방법으로 대부분의 다중회귀모형은 이에 해당한다. 독립변수가 3개인 경우를 예를 들어보면 우선 회귀식은 $\hat{Y}= a+b_1X_1+b_2X_2+b_3X_3$으로 표현하였다. 여기에서 β_1을 검정한다는 것은 회귀방정식 $\hat{Y}= a+b_2X_2+b_3X_3$에 X_1이 추가되어 $\hat{Y}= a+b_1X_1+b_2X_2+b_3X_3$이 되었을 때, b_1이 유의한 지를 검토하는 것과 동일한 의미이다. X_1이 추가되면 결정계수의 수준이 $R^2_{Y\cdot 23}$에서 $R^2_{Y\cdot 123}$으로 변화하게 되는 것이고 이를 각각 분할하여 정리하면 다음과 같다.

$$R^2_{Y\cdot 123} = R^2_{Y\cdot 23} + r^2_{Y(1\cdot 23)}$$
$$r^2_{(1\cdot 23)} = R^2_{(Y\cdot 123)} - R^2_{Y\cdot 23}$$

따라서 b_1에 대한 검정은 R^2에 검정과 동일한 의미를 가진다.

반면에 계층적 회귀방법은 회귀방정식에서 독립변수 X_1, X_2, X_3 등이 순차적으로 한 개씩 추가되었을 때, R^2가 증가하는 방식으로 SSR을 분할한다.

$$R^2_{Y \cdot 12 \cdots K} = r^2_{Y1} + r^2_{Y(2 \cdot 1)} + \cdots + r^2_{Y(K \cdot 12 \cdots K-1)}$$

수식상으로 본다면 계층적 회귀방법에서는 독립변수가 회귀방정식에 투입되는 순서에 따라서 당연히 K와 R^2가 달라지게 된다. 표준 회귀방법에서는 R^2의 증분보다는 회귀계수의 유의성 검정에 목적을 두고 계층적 회귀방법에서는 R^2의 증분의 검정에 목적을 두고 실시되는 경우가 보편적이다. 통계 프로그램에서는 R^2의 증분은 F통계량으로 검정하고 회귀계수에 대한 검정은 t통계량을 이용하게 된다. 참고로 보고서 등에서 계층적 회귀분석을 실시한 경우에 결과를 요약하기 위한 포맷은 다음과 같다.

[계층적 회귀분석방법의 결과표]

독립변수	R^2	F 통계량	유의확률	R^2 증가량	F 증분통계량	유의확률
X_1	$R^2_{Y \cdot 1}$			$r^2_{Y \cdot 1}$		
$X_2 \cdot X_1$	$R^2_{Y \cdot 12}$			$r^2_{Y(2 \cdot 1)}$		
$X_3 \cdot X_1X_2$	$R^2_{Y \cdot 123}$			$r^2_{Y(3 \cdot 12)}$		

다중 회귀분석에서 매개변수의 역할이라든지 조절변수의 역할을 파악하기 위해 계층적 회귀분석이 활용되어지고 있다.

9장. 요인분석

9장. 요인분석

1. 분석 의의

요인분석은 여러 개의 관련있는 변수들이 어떻게 서로 연결되어 있는가를 분석하여 적은 수의 요인(factor)으로 줄이고 측정치의 특성과 내용을 명확히 하려는 통계기법이다. 대부분의 사회과학 연구에서 추상적인 변수들을 활용하고 있으며 이들을 측정하기 위해서는 다항목 척도(multi-items)가 일반적이다. 이와같은 요인들의 확인은 사회적 현상과 같은 복잡한 문제를 설명하고 단순화하는데 도움이 된다. 요인분석은 여러 관련 변수들을 요인으로 줄임으로서 불필요한 변수들을 줄이고 변수들의 특성을 밝힌다.

2. 이론적 원리

요인분석은 먼저 모든 변수들에 대한 상관관계를 검토한 다음 주성분분석을 사용하여 요인을 추출한다. 따라서 변수들간의 높은 상관관계는 변수들간에 공통적인 특정 요소가 있다는 것을 말한다. 요인추출은 자료를 가장 잘 설명하는 공통요인을 결정한다.

요인추출단계에서 얻어진 요인행렬은 각 변수와 추출된 요인들과의 상관관계를 보여주게 된다. 이 상관관계의 수준을 요인적재량(factor loading)이라고 한다. 여기서 각 변수가 가장 바람직한 적은 수의 요인에 의해서만 설명될 수 있도록 초기의 요인행렬을 회전(rotation)시킨다. 회전의 목적은 초기행렬을 쉬운 행렬로 회전시켜 단순구조를 만들어 결과에 대한 해석의 용이성을 높이기 위함이다. 회전의 방법으로는 직각회전(orthogonal rotation)과 비직각회전(oblique rotation)이 있는데 가장 널리 사용되는 방법은 직각회전의 일종인 베리맥스(varimax)법이다. 요인분석의 마지막 단계는 요인점수의 계산인데 각 측정치에 대한 요인점수는 선형회귀분석, 판별분석 그리고 군집분석 등에서 사용될 수 있다. 요인분석은 결국 각 측정치를 바탕으로 요인을 추출하고 요인점수를 바탕으로 추가 분석을 가능하게 한다.

3. 요인분석모형

요인분석의 통계적 모형은 회귀분석모형을 따르고 있다. 따라서 각 변수는 관측되지 않는 요인들의 선형결합으로 표현한다.

$$X_i = \beta_0 + \beta_1 F_1 + \beta_2 F_2 + \cdots + U_i$$

F_1, F_2 : 공통요인
β_1, β_2 : 각 요인의 계수
U_i : 변수 X_i의 고유 요인

여기에서 모든 고유요인 U_i는 상호 독립적이며 모든 F_i에 대해서도 독립적이다. 혹은 다음과 같이 요인을 표기할 수도 있다.

$$F_i = W_{ji}Z_1 + W_{j2}Z_2 + \cdots + W_{jp}Z_p$$

위 식에서는 i번째 변수가 j번째 요인에 얼마나 반영되어있는가를 보려주는 W_{ji}를 요인점수(factor score)라 한다.

4. 요인의 회전

추출된 요인과 각 변수들간의 상관관계를 나타내는 요인행렬에서 요인과 변수간의 관계를 명확히 하기에 해석상의 어려움이 나타날 수 있다. 어련 경우에 요인의 단순구조를 파악하기 위한 목적으로 각 요인에 0이 아닌 요인적재량을 갖는 변수들에 대하여 소수의 0이 아닌 요인적재량을 갖는 요인들을 추출한다. 따라서 각 요인들에 의해 설명되는 분산의 비율이 변화하게 되고 아이겐값(eigen value)도 재배치된다.

회전방법으로는 베리맥스법이 가장 흔하게 사용되고 있는데 한 요인에 높은 요인적재량을 가지는 변수들의 수를 최소화하는 것으로 요인들의 해석을 용이하게 한다. 그 외에 쿼티맥스법(Quartimax)은 한 변수를 해석할 때 필요한 요인의 수를 최소화하는 방법으로 단순성을 강조한 방법이다. 이들 두 가지 방법을 혼합한 이퀴맥스법(Equamax)도 사용되고 있다.

직각회전으로 추출된 경우에는 상관관계를 나타내는 구조행렬과 회귀계수를 나타내는 패턴행렬이 동일하지만 비직각회전에서는 이들 행렬이 상이할 수 있으므로 해석상에 주의가 필요하다.

5. 요인분석 관련용어

(1) 요인적재량 (factor loading)

각 변수와 요인간의 상관관계의 정도를 나타내는 수치로서 각 변수는 요인적재량이 가장 높은 요인에 속하게 된다. 일반적으로 요인적재량이 절대값 기준으로 0.4이상이면 유의한 수준으로 판단한다.

(2) 공통성 (communality)

공통요인(common factor) 모두를 바탕으로 설명되는 각 변수들의 분산비율로서 변수들의 요인 적재량을 제곱하여 더한 값이다. 이 값이 크다는 것은 각 측정변수들이 공통요인들에 의해 설명이 잘 되고 있다는 의미를 가진다. 회귀분석의 결정계수 역할을 한다고 볼 수 있으므로 통계적 유의성을 검정하지는 않는다.

(3) 고유값 (eigen value)

특정요인에 적재된 모든 변수들의 요인적재량을 제곱하여 더한 값이다. 고유치는 특정요인에 관련된 모든 변수들의 표준화된 분산으로서 고유값의 합은 변수의 개수보다 언제나 작다. 이 값이 1보다 크면 변수 수보다 작은 수의 요인 추출이 가능하다는 의미를 보이게 되고 크면 클수록 자료 축약의 가능성을 높여 대표성있는 요인이 추출되었음을 판단할 수 있다.

(4) 요인구조행렬(structure matrix)과 요인형태행렬(pattern matrix)

요인구조행렬은 변수와 요인들간을 선형조합으로 표현하였을 때 회귀가중치를 담고있는 행렬이다. 만약에 직각회전이면 간접효과가 없으므로 요인과 변수간의 단순상관계수를 표기한 요인형태행렬과 동일하다.

[예제 요인분석] 경영환경 유형분석 (data2.sav)

기존 자료를 바탕으로 기업들이 직면한 경영환경 수준을 파악하기 위하여 15개의 문항(a15~a29)들을 개발하였다. 각 변수들은 1점이면 '매우 낮다', 7점이면 '매우 높다'를 표기하도록 작성되었다. 모든 변수들을 고려하여 의미있는 경영환경 유형으로 구분하기 위한 요인분석을 수행한다.

SPSS 절차

분석 ⟶ 데이터축소 ⟶ 요인분석

입력된 자료

	id	a7	a9	a15	a16	a17	a18	a19	a20	a21	a22
1	1	1	1	6	6	3	5	6	7	3	
2	2	1	3	7	4	4	4	5	4	4	
3	3	1	3	4	4	3	3	3	3	4	
4	4	3	.	6	5	4	5	4	4	6	
5	5	2	1	6	2	6	2	6	2	5	
6	6	1	3	3	3	2	1	7	1	2	
7	7	1	1	5	5	6	5	6	5	5	

풀 이

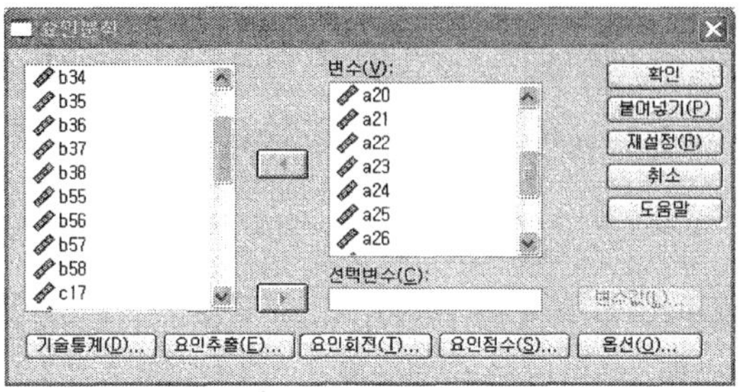

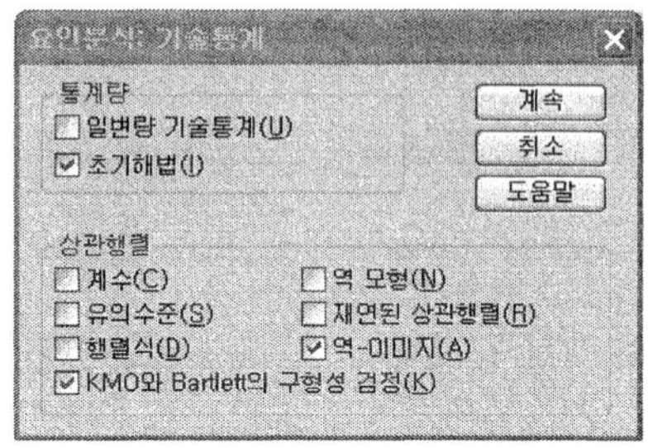

총 15개의 변수들을 모두 분석에 포함하여 요인구조를 파악하고자 한다. 우선 요인분석의 적절성을 평가하기 위하여 KMO와 Bartlett구형성 검정, 그리고 역이미지 행렬을 파악한다. KMO는 전체 자료와 개별자료의 표본적합도로 구분되는데 주로 표본적합도를 주로 활용하고 있다.

$$\text{개별 KMO}=\frac{\sum_{k\neq j}\alpha^{2_{jk}}}{\sum_{k\neq j}\alpha^{2_{jk}}+\sum_{k\neq j}\beta^{2_{jk}}}$$

여기에서 α는 상관계수 행렬의 비대각선에 위치한 계수의 제곱을 의미하고 β는 역이미지 상관행렬의 계수제곱을 의미한다. 따라서 KMO 수준이 높을수록 변수간의 공통요인이 높다는 것을 의미하고 있어 요인분석의 활용가능성을 높인다고 본다. 아울러 Bartlett구형성 검정은 각 변수들의 상관행렬이 단위행렬인지를 통계적으로 검정하며 귀무가설은 'H_0: 모상관계수 행렬은 단위행렬이다' 로 두고 실시된다. 따라서 단위행렬이 아니어야 요인분석의 가능성을 높인다는 점에서 통계적으로 유의한 결과가 나오게되면 요인분석 활용가능성을 높인다. 마지막으로 역이미지 행렬은 각 변수들에 대하여 공통요인분선을 제거하고 변수고유분산과 잔차분산만으로 상관행렬을 작성한 것이다. 따라서 비대각선상의 값들이 0에 가까운 값들이 많을수록 변수고유분산이 작다는 것을 의미하고 있어 요인분석에 적합하다는 결론을 내릴 수 있다.

KMO와 Bartlett의 검정

표준형성 적절성의 Kaiser-Meyer-Olkin 측도.		.891
Bartlett의 구형성 검정	근사 카이제곱	1947.745
	자유도	105
	유의확률	.000

역-이미지 상관계수	a15	.919[a]	-.239	-.112	-.024	-.102
	a16	-.239	.937[a]	-.036	-.108	.036
	a17	-.112	-.036	.897[a]	-.158	-.225
	a18	-.024	-.108	-.158	.923[a]	-.203
	a19	-.102	.036	-.225	-.203	.808[a]
	a20	-.043	-.237	-.047	-.179	.030
	a21	.037	-.073	-.079	-.050	-.016
	a22	.001	-.027	-.195	.077	-.009
	a23	-.094	.000	.089	-.042	-.163
	a24	.069	-.103	.030	-.023	.039

결과에 따르면 KMO값이 .891을 보이고 있으며 0.65이상이면 양호한 변수 구조로 보고있어 요인분석에 큰 문제가 없으며 구형성 검정도 유의한 것으로 나타나고 있다. 역이미지 상관계수 행렬에서는 대각선 값에 비하여 비대각선값이 상대적으로 낮은 수준에 0에 가까운 수준을 보이고 있다.

공통성

	초기	추출
a15	1.000	.421
a16	1.000	.524
a17	1.000	.520
a18	1.000	.474
a19	1.000	.691
a20	1.000	.749
a21	1.000	.763
a22	1.000	.576
a23	1.000	.616
a24	1.000	.604
a25	1.000	.612
a26	1.000	.621
a27	1.000	.679
a28	1.000	.461
a29	1.000	.574

추출 방법: 주성분 분석.

설명된 총분산

성분	초기 고유값			추출 제곱합 적재값			회전 제곱합 적재값		
	전체	% 분산	% 누적	전체	% 분산	% 누적	전체	% 분산	% 누적
1	5.975	39.835	39.835	5.975	39.835	39.835	4.401	29.342	29.342
2	1.730	11.531	51.365	1.730	11.531	51.365	2.611	17.408	46.750
3	1.182	7.879	59.245	1.182	7.879	59.245	1.874	12.494	59.245
4	.884	5.891	65.135						
5	.780	5.198	70.334						
6	.741	4.942	75.275						
7	.582	3.877	79.152						

각 변수들이 추출된 요인들에 의해 얼마나 설명되고 있는지 보여주는 공통성 수준에서 모든 변수들이 높은 수준을 보이고 있다. 초기의 값과 추출된 후의 값에서 차이를 보이는 것은 나머지 분산은 요인 추출로 축약이 이루어지면서 소실되는 정보의 수준이라고 할 수 있다. 전체적으로 3개의 요인이 추출됨을 알 수 있고 첫 번째 요인의 아이겐값은 5.975로 상당히 높으며 마지막 세 번째 요인도 1이상의 아이겐값을 보이고 있어 자료 축약에 역할을 하고 있음이 파악되었다.

성분행렬[a]

	성분		
	1	2	3
a15	.536	.023	.365
a16	.710	-.127	-.054
a17	.575	-.228	.371
a18	.600	-.311	.130
a19	.402	-.220	.694
a20	.800	-.244	-.221
a21	.810	-.267	-.189
a22	.720	-.237	-.042
a23	.762	-.151	-.109
a24	.720	-.102	-.274
a25	.666	.255	-.323
a26	.557	.521	-.199
a27	.498	.632	.181
a28	.452	.496	.102
a29	.460	.560	.222

요인추출 방법: 주성분 분석.
a. 추출된 3 성분

회전된 성분행렬[a]

	성분		
	1	2	3
a15	.259	.300	.514
a16	.647	.207	.250
a17	.381	.096	.605
a18	.542	.011	.424
a19	.091	.055	.824
a20	.839	.129	.168
a21	.841	.116	.206
a22	.690	.115	.295
a23	.723	.204	.227
a24	.746	.213	.051
a25	.592	.499	-.113
a26	.349	.697	-.120
a27	.087	.803	.164
a28	.136	.655	.116
a29	.065	.726	.206

요인추출 방법: 주성분 분석.
회전 방법: Kaiser 정규화가 있는 베리멕스.
a. 6 반복계산에서 요인회전이 수렴되었습니다.

성분행렬은 회전되기 전의 변수와 요인간의 상관관계를 의미하고 회전된 성분행렬의 경우에는 베리맥스로 회전후 요인구조를 보이고 있다. 변수 a15에서 a19까지는 세 번째 요인으로 구분되고, a20에서 a26까지는 첫 번째 요인으로 구분되며 나머지는 세 번째 요인으로 구조화가 이루어지고 있다.

[예제 요인분석] 경영환경이 시장점유율에 미치는 영향분석 (data2.sav)

본 예제의 경우에는 앞에서 요인분석을 통해 분류된 요인들을 변수화하여 세 가지 경영환경으로 명명하는 과정에서 시작되어야 한다. 여기에서는 첫 번째 요인을 '복잡성', 두 번째 요인을 '동태성', 세 번째 요인을 '경쟁성'이라고 명명한다.

요인분석에서 추출된 요인점수를 변수로 저장한다. 요인점수를 산정하는 방법으로는 세 가지 방법이 제시되어 있다.

i) Regression 법: 평균을 0으로 하고 개개의 참요인값과 추정된 요인간의 차이를 제곱한 값을 최소화하는 방법으로 요인점수를 산정

ii) Bartlett 법: 평균을 0으로 하고 변수들간 범위에서 고유한 요인들의 제곱값을 최소화하는 방법으로 요인점수를 산정

iii) Anderson-Rubin 법: 평균 0, 표준편차1로 하면서 요인점수를 산정

추출된 요인점수로 변수를 저장한 경우에는 새로운 변수명으로 저장한 후에 '설명'을 반드시 삭제해야 한다.

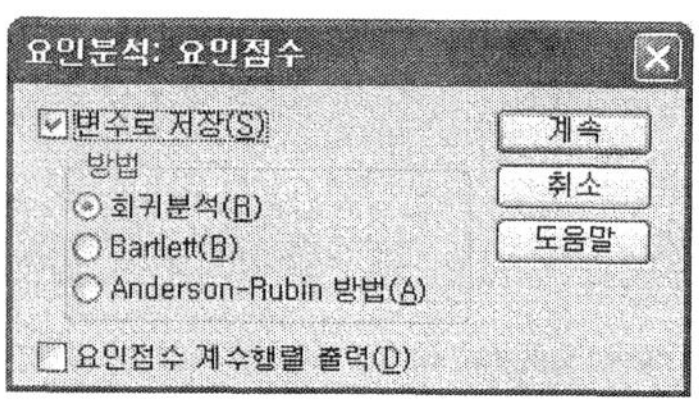

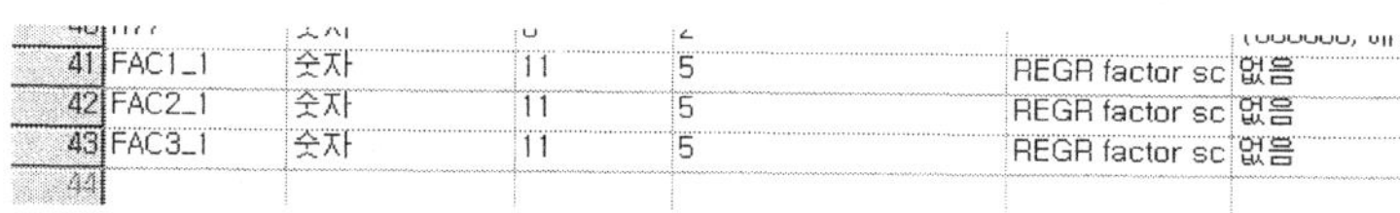

결과적으로 FAC1_1에서 FAC3_1까지의 새로운 변수가 저장되며, 이들을 각각 새로운 변수명으로 변경하고 회귀분석에서 독립변수로 활용한다. 회귀분석에서 종속변수인 시정점유율은 h65변수를 사용한다.

SPSS 절차

분석 ——→ 회귀분석 ——→ 선형회귀분석

풀　　이

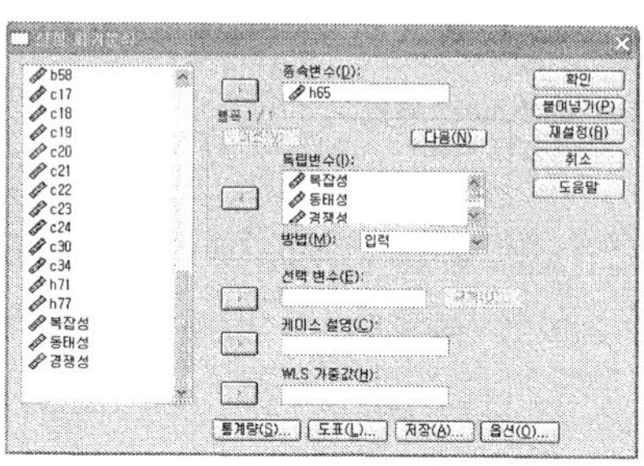

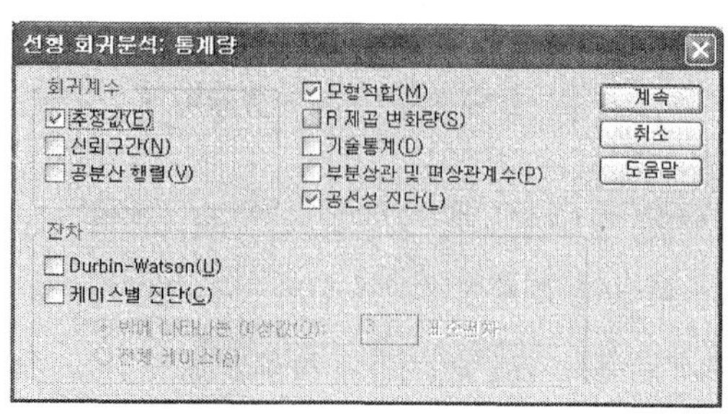

독립변수가 다수이므로 다중공선성 진단을 실시한다. 참고로 직각회전을 통해 요인을 추출하였다는 점을 상기해야 할 것이다.

모형 요약

모형	R	R 제곱	수정된 R 제곱	추정값의 표준오차
1	.133[a]	.018	.008	484977.61

a. 예측값: (상수), 경쟁성, 동태성, 복잡성

분산분석[b]

모형		제곱합	자유도	평균제곱	F	유의확률
1	선형회귀분석	1.25E+012	3	4.18E+011	1.778	.151[a]
	잔차	6.96E+013	296	2.35E+011		
	합계	7.09E+013	299			

a. 예측값: (상수), 경쟁성, 동태성, 복잡성

b. 종속변수: h65

계수[a]

모형		비표준화 계수		표준화 계수	t	유의확률	공선성 통계량	
		B	표준오차	베타			공차한계	VIF
1	(상수)	547050.309	28000.196		19.537	.000		
	복잡성	36405.742	28046.980	.075	1.298	.195	1.000	1.000
	동태성	24946.946	28046.980	.051	.889	.374	1.000	1.000
	경쟁성	47416.340	28046.980	.097	1.691	.092	1.000	1.000

a. 종속변수: h65

결과적으로 0.018의 낮은 수준의 결정계수를 보이고 있어 독립변수 값의 변동을 회귀모형이 적절히 설명하는데 한계가 있음이 파악되었고, 모형 적합도 검정도 0.151의 유의확률이 보이고 있어 0.05의 유의수준에서 통계적 유의성을 확보하지 못해 모든 회귀계수가 0이라는 귀무가설을 받아들인다.

계수분석 결과에 따르면 다중공선성 통계량이 제시되는데 공차한계가 1.0으로 표기되어있다. 즉 독립변수간의 회귀모형에서 결정계수가 0이라는 의미를 보이기 때문에 독립변수간의 독립성은 확보되고 있다. 요인분석은 이러한 추가적 분석을 위해 요인점수를 저장할 때도 긴요하게 활용된다.

10장. 신뢰성 분석

10장. 신뢰성 분석

1. 분석 의의

측정오차는 체계적 오차와 비체계적 오차로 구분된다. 체계적 오차는 일정한 방향으로 지속적으로 나타나는 오차이며 비체계적 오차는 무작위적으로 방생되며 수준과 방향이 일정하지 않은 오차를 의미한다. 신뢰성 분석은 바로 비체계적 오차 수준을 측정하기 위한 분석방법이다. 여기에서 신뢰도 혹은 신뢰성의 의미는 측정을 반복적으로 수행한 경우에 동일한 결과를 얻는 정도를 의미하고 있다. 따라서 동일한 측정도구를 두 번 이상 사용한 경우나 동일한 척도를 두명 이상의 연구자들이 사용한 경우에 일관된 결과를 얻을 수 있는 정도로 정의할 수 있다.

일반적으로 신뢰성은 분산을 통해 파악할 수 있다. 다수의 측정치들은 총분산을 가지는데 총분산은 참분산(true variance)과 오차분산(error variance)로 나뉜다. 따라서 가장 이상적인 상황은 총분산과 참분산이 동일한 경우일 것이다. 예를 들어 동일한 측정대상을 동일한 척도로 측정하는 경우에 참분산은 총분산에 가까워지고 오차분산은 줄어들게 된다. 정리하면 다음과 같다.

$$신뢰성계수 = \frac{Var(true)}{Var(total)}$$

그러나 참분산을 측정하는 것은 사실상 불가능하기 때문에, 항상 신뢰성 계수는 오차분산을 이용한다.

$$신뢰성계수 = 1 - \frac{Var(e)}{Var(total)}$$

2. 신뢰성 측정방법

일반적으로 신뢰성 측정은 내적일관성 지수인 크론바하 알파(Cronbach's Alpha)로 파악한다. 가장 엄격한 기준의 신뢰성 분석은 반분법이나 재검사법, 복수거양법이 되지만 실행상의 한계가 있어 문항간의 일관성을 측정하는 방법으로 신뢰성을 검토하고 있다. α는 다음의 수식을 통해 계산되어 진다.

$$\alpha = \frac{k}{k-1}\left(1 - \sum_{i=1}^{k} S_i^2 / S_T^2\right)$$

k: 문항수

S_i^2: 문항 i의 분산

S_T^2:k개의 모든 문항들을 더한 척도의 분산

기본적으로 α는 상관관계를 나타내는 통계량으로서 0에서 1까지 범위의 값을 갖는다. α는 문항간의 평균상관관계가 증가할 수록 높아지며 문항수가 증가할 수록 높아지게 된다.

3. 신뢰성 향상 방안

표본의 측정을 통해 자료를 수집하는 경우에 신뢰성을 향상하고자 다양한 방법을 사용할 수 있다. 우선 신뢰성을 높이기 위해서는 측정도구인 문항들을 가능한 명확히 기술하여 응답자들의 혼돈을 애초에 줄여나가는 노력에서 시작되어야 한다. 문항의 내용이 모호한 경우에 응답자들이 임의로 해석하여 응답의 일관성이 낮아지게 된다. 응답자의 일시적인 상황으로 인해 불성실한 응답이 나타날 수 있으므로 자료 수집단계에서의 주의가 필요하고 사전에 신뢰성이 문제가 될 것으로 판단되며 다수의 유사문항을 설정하면 문항의 수가 증가되어 참분산이 무한대에 접근하여 신뢰성을 높일 수 있다.

그리고 기존 연구에서 검증이 되어진 측정도구를 활용하는 것도 좋은 방법이 될 수 있으며 응답자가 관심이 없어 주의력이 떨어질 것으로 판단되는 문항은 수집하지 않는 것이 좋은 방법이다.

[예제 신뢰성 분석] 경영진의 품질경영 참여에 대한 신뢰성 분석(data2.sav)

기업에서 수행중인 다양한 품질향상 활동에 경영진이 어떻게 참가하고 있는지 파악하기 위해 총 5개의 문항(b34~b38)으로 측정하였다. 이때 5개의 문항들이 보이는 신뢰성을 내적일관성 지수인 크론바하 α로 측정하고자 한다.

SPSS 절차

분석 ───▶ 척도화분석 ───▶ 신뢰도분석

입력된 자료

	b34	b35	b36	b37	b38
1	5	5	5	4	6
2	5	4	3	3	3
3	6	6	5	6	6
4	6	6	6	5	5
5	6	6	5	5	5
6	2	3	2	2	2
7	6	6	6	6	6
8	6	4	5	5	6
9	7	7	5	5	5
10	6	6	5	6	7
11	6	4	3	3	3
12	6	6	6	6	6

신뢰도 분석을 수행할 5개의 변수들을 분석창에 투입하고 크론바하 알파를 통해 신뢰도 분석을 수행한다. 추가적으로 신뢰도분석을 위해서는 항목제거시 척도를 선택하여 각 문항의 전체 α산정에의 역할을 파악해야 한다.

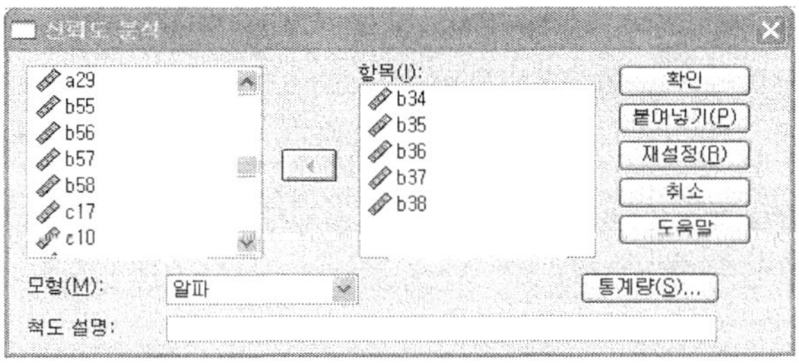

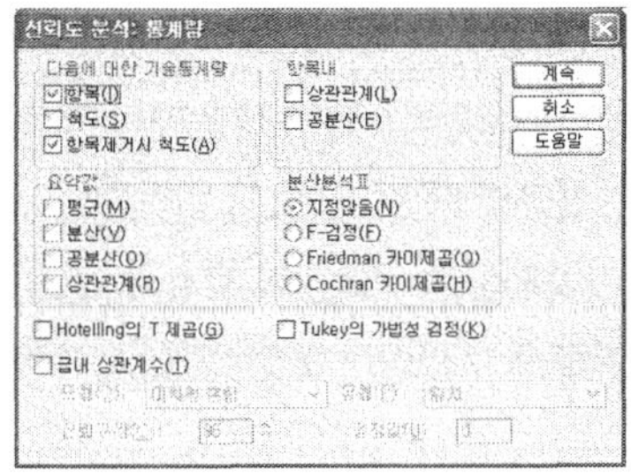

신뢰도 통계량

Cronbach의 알파	항목 수
.956	5

항목 통계량

	평균	표준 편차	N
b34	5,13	1,480	300
b35	5,09	1,412	300
b36	4,82	1,533	300
b37	4,91	1,440	300
b38	5,15	1,512	300

항목 총계 통계량

	항목이 삭제된 경우 척도 평균	항목이 삭제된 경우 척도 분산	수정된 항목-전체 상관관계	항목이 삭제된 경우 Cronbach 알파
b34	19,96	30,002	,871	,947
b35	20,01	30,485	,888	,944
b36	20,28	29,232	,889	,944
b37	20,18	29,976	,905	,941
b38	19,95	30,141	,837	,953

우선 전체 항목들을 대상으로 산정된 크론바하 α는 .956을 보이고 있다. 보편적으로 0.6이상의 수준에서 신뢰성이 확보된 것으로 판단하고 있다. 그러나 이 과정만으로 신뢰성 분석이 완료되었다고 볼수 없다. 항목 총계 통계량 결과에서 각 항목별로 항목제거시 크론바하 α가 제시되어 있다. 따라서 각 항목을 제거한 경우에 전체 크론바하 α를 오히려 상승시킬 수 있다면 각 항목은 제거되어야 할 것이다. 본 예제의 경우에는 모든 항목들에게서 제거후 크론바하 α가 .956보다 낮은 수준을 보이고 있어 항목의 제거없이 신뢰성이 확보되었다고 평가한다.

§ Domain Sampling Model과 신뢰성 §

특정 개념을 측정하기 위한 척도는 측정항목들의 가설적 모집단으로 부터 무작위적으로 추출된 다수 항목들로 구성된다. 정확히 본다면, 측정항목들이 무작위적으로 추출되는 것이 아니라 측정을 위해 조합이 되는 것이므로 이러한 가설적 모집단은 현실적으로 존재를 하는 것은 아니다. 연구자가 특정의 이론변수를 측정하기 위하여 다양한 측정항목을 개발하는데 이것이 마치 무작위 추출의 경우와 유사한 효과를 가지게 된다.

측정의 목적은 항목 모집단(Domain)을 총동원하여 측정을 실시한 경우에 얻어질 수 있는 점수를 추출하는 것이며 이것은 앞에서 말한 참값이 되는 것이다. 표본의 항목들이 이 참값과 높은 상관관계를 가질 때, 이 표본항목들의 신뢰성은 높다고 일컬어지는 것이다.

DSM의 기본개념은 항목 모집단에 속한 측정 항목들간의 모든 상관관계를 나타내는 무한히 큰 상관관계 메트릭스(infinitely correlation matrix showing all correlations among items in the domain for internal consistency)이다. 이 메트릭스의 상관계수의 평균값(E(r_{ij}))는 항목들간에 모종의 공통요소가 얼마간 존재한다는 사실을 드러낸다고도 볼 수 있다. 여기서 한 항목과 다른 모든 항목들 사이에 존재하는 상관관계 계수의 평균은 모두 동일하다고 가정한다면 한 항목이 항목 모집단 내의 다른 모든 항목들과 가지는 상관관계는 아래와 같이 직접 계산할 수 있다.

$$r_{1(1....k)} = \frac{\frac{1}{N}\sum_{i=1}^{k} z_i}{\sqrt{\frac{\sum k_1^2}{N}}\sqrt{\frac{1}{N}\sum_{i=1}^{k} z_i^2}} = \frac{1+(k-1)\overline{r_{ij}}}{\sqrt{k+k^2 r_{ij} - k r_{ij}}}$$

만일 측정을 위한 항목이 무작위로 추출이 추출되었다고 한다면 각 측정치들간의 상관관계도 모두 같을 것이다. 이처럼 무작위로 측정된 항목들의 평균 및 표준편차와 참값과의 상관관계 등은 우연에 의해서만 다르게 나타나게 된다. 각 측정과 다른 측정들의 합과의 상관관계 평균이 항상 같다고 가정하면, 특정 항목이 항목 모집단내의 다른 항목들과 가지는 상관관계는 다음과 같이 간단하게 나타나게 된다.

$$r_{ij} = \sqrt{\overline{r_{ij}}}$$

그러나 실제 측정은 항목 모집단 자체가 아니라 항목 모집단에서 추출된 몇 개의 항목들로 이루어지게 되지만, 이론적으로는 항목 모집단 내의 모든 측정 및 항목들과 특정의 측정 및 항목들간의 상관관계의 평균을 신뢰도 계수라고 한다.

§ 신뢰성 측정방법 §

(1) test-retest model

동일한 상황에서 동일한 측정도구로 동일한 대상을 시간을 달리하여 두 번 측정하여 그 결과를 비교하는 것이다. 성숙효과가 나타날 가능성이 있다.

(2) parallel-forms technique

최대한 비슷한 두 가지 형태의 측정도구를 동일한 표본에 차례로 적용하여, 이들 사이의 상관계수의 크기로 신뢰도를 측정하는 방법이다. 그러나 이 방법은 동일한 측정도구를 개발한다는 것이 사실상 불가능하며 신뢰도가 낮게 나타나는 경우에 측정오차가 본래 낮아서 그런지 아니면 동등한 측정도구를 만드는데 실패한 때문인지 알 수 없다는 단점이 있다.

(3) split-half method

측정도구를 임의로 반으로 나누어 각각 독립된 두 개의 척도로 사용함으로서 신뢰도를 추정하는 방법, 반분이 가능한 모든 경우의 수를 다 고려하여 이들 사이의 표준상관계수를 구하는 것이 Cronbach's Alpha이다.

§ 측정도구의 신뢰성 및 타당성 Sample Format §

다음의 자료는 실제 논문 등의 보고서를 작성하는 경우에 사용할 수 있는 형식이며, ( )로 처리되어 있는 경우는 각 보고서에 따라서 항목이나 문항이 달라질 것이다.

본 연구에서 수집된 자료는 Nunnally(1978)가 제시한 측정타당화 과정을 바탕으로 측정도구의 신뢰성 및 타당성을 검증하였다. 측정 도구를 통해 수집된 개별 자료는 참값과 오차의 두 부분으로 나누어진다. 이때 신뢰성 있는 척도가 되기 위해서는 오차영역 가운데 무작위 오차가 최소화 되어야 한다.

측정도구의 신뢰성을 파악하기 위해서는 우선 정화(Purification)절차를 거치게 되는데, 이러한 정화절차는 항목 모집단 추출모형(Domain Sampling Model; DSM)에 근거하여 이루어진 무한히 큰 가설적 상관관계 행렬을 기본개념으로 하고 있다. 즉, 하나의 개념을 측정하고자 하는 측정항목들로 구성되어 있는 가상의 항목 모집단이 존재한다는 것을 가정하고, 해당 구성개념을 측정하고자 하는 항목집단이 하나의 항목 모집단에서 추출된 것인가를 검증하는 것으로 만약에 하나의 항목 모집단에서 추출된 가설적 표본 항목들이라고 한다면 그 항목들간의 상관계수가 하나의 Domain으로부터 추출됨을 증명해준다는 것이다.

이러한 정화절차에서 실시되는 신뢰성 분석은 측정항목과 Domain내의 다른 항목들 사이의 상관관계를 통하여 파악을 하게된다. 정화절차를 통해 측정항목들이 제거된 이후에는 다시 측정항목들이 하나의 요인으로 구성되어 있는가를 확인하는 단일차원성(Unidimension) 확보절차를 수행하게 된다. 이러한 단일차원성 확보를 위해서는 일반적으로 회전되지 않은 요인 분석을 실시하게 되는데, 그 이유는 요인을 회전시키는 경우에 나타나는 요인의 순수성 상실에 기인한 것이며 이 과정에서도 단일 차원성을 확보하고 있지 못한 항목들을 제거하게 된다. 이러한 과정이 끝나면 개별 구성개념별로 신뢰성을 검증하고 끝으로 측정도구의 내용, 개념타당성을 파악하여 신뢰성과 타당성을 확보하고 있는 최종적인 분석문항을 선별하게 된다. 이러한 과정을 요약하면 다음의 <표 >와 같다.

[측정 타당화 검증단계와 측정방법]

단 계	목 적	측정방법
1 단계	정화단계	신뢰성 분석(item-to-total correlation)
2 단계	단일 차원성 확보	요인분석(비회전방식 이용, 개념별 실시)
3 단계	신뢰성 검증	신뢰성 분석(Cronbach α)
4 단계	타당성 검증	요인분석(회전방식 이용)

1) 정화단계

정화단계는 앞에서 언급한 DSM에 근거하여 이루어지므로 이의 기본가정을 충족시키기 위해서 특정개념을 측정하기 위한 측정항목과 그 항목을 제외한 여타 다른 항목들 사이의 상관관계를 살펴보면 파악할 수 있다. 이러한 분석을 실시한 결과는 <표 >에 제시되어 있다.

통상 그 상관계수의 크기가 0.3 이상이면 측정개념을 측정하는 항목들로 이루어진 항목들이 모집단으로부터 추출된 것으로 파악된다. <표 >를 통하여 파악해보면 0.3 이하의 상관계수를 보이는 측정항목은 ( ), ( ), ( ) 였다. 따라서 DSM이론에 근거하여 이들 항목의 제거를 고려할 것이 요구되었다.

2) 단일 차원성

정화단계를 수행한 후 제거되지 않은 측정항목만을 대상으로 요인분석을 실시하여 측정항목의 각 개념별 단일차원성을 파악해야만 한다. 이를 위해서는 각 변수에 대한 요인분석을 실시하여 하나의 공통요인으로 묶이는가를 확인해야 한다. 신뢰성, 타당성 검토 전에 측정 항목들이 하나의 구성개념으로 측정되는지를 파악하기 위해서는 각각의 척도에 대해서 단일차원성의 평가가 반드시 선행되어야 한다.

따라서 요인분석 결과 단일한 요인으로 구성되어 나타날 경우에는 단일 차원성이 확보되었다고 보는 것이고, 그렇지 않은 경우에는 다른 요인으로 묶이는 것을 제거해야만 하는 것이다. 이를 위해서는 정화절차 후 남은 측정항목들을 대상으로 회전하지 않은 요인분석을 실시하여 각 변수의 요인부하량을 기준으로 단일 차원성을 파악한다. <표 >는 단일 차원성 검증을 위한 비회전 요인분석 결과이다.

통상 비회전 요인분석의 요인부하량이 0.4이상으로 나타나면 해당 측정항목은 구성개념을 측정하는데 단일 차원성을 확보하고 있는 것으로 보고 있다. 이러한 기준에 따라서 각 구성개념들을 구성하는 측정항목들의 차원은 모두 단일 차원성에 존재한다는 결론을 내릴 수 있다.

3) 신뢰성 검증

정화 절차 및 단일 차원성 확보절차를 통해 제거되지 않은 항목들에 대해서 신뢰성을 파악하게 된다. 신뢰성은 넓은 의미에서 측정의 오류발생이 없는 정도로 연구대상에 대해 반복 측정한 경우에 결과가 얼마나 일관성 있게 나타나는가를 판단하는 개념이다. 신뢰성을 측정하기 위한 방법으로는 다양하게 나타나고 있으나 일반적으로 Cronbach's Alpha를 활용한 내적 일관성 기법이 주로 이용되고 있다. Nunnally에 의하면 0.7이상이면 신뢰성 있는 것으로 판단되고 탐색적 연구의 경우에는 0.5 이상을 기준치로 활용될 것이 권고되고 있다.

본 연구의 경우에는 개념의 조작적 정의를 토대로 다항목을 통하여 구성개념을 측정하고 있으며, 신뢰성 분석을 위해서 반분법의 확장인 각 구성 개념내 내적 일관성을 파악하기 위하여 Cronbach α 계수를 활용하여 신뢰성을 검토하였다. 총 (　)개의 항목들을 대상으로 검증을 실시하였으며 각 변수에 대한 신뢰성 검토 결과는 <표　>에 제시되어 있다.

신뢰성 검증결과 모든 측정개념들이 Nunnally가 제시한 기준인 0.7을 상회하고 있으며 제거대상 측정항목은 발견되지 않았다. 이는 각 측정항목들에 대하여 응답자의 응답이 내적 일관성을 확보하고 있음을 의미하는 것이며, 이들 항목을 최종 분석에서 활용할 수 있는 근거를 가지게 된다.

4) 타당성 검증－탐색적 요인분석을 중심으로

본 연구에서의 타당성 검증은 요인분석을 이용하게 된다. 타당성이란 최대한 상이한 방법을 이용하여 동일한 속성을 측정하는 경우에 두 시도간의 결과 일치정도를 의미하는 것으로 연구자가 측정하고자 하는 개념을 얼마나 정확하게 측정하였는가를 의미하고 있다.

본 연구에서는 측정도구 자체를 측정하고자 하는 속성이나 개념을 적절하게 측정할 수 있도록 추출하고, 내용 타당성을 유지하기 위해 기존연구의 설문항목을 토대로 이를 본 연구에 적합하도록 전문가 집단의 심층면접을 통해 수정하였으며 사전조사를 통하여 문구의 조정 작업을 수행하였다.

한편 본 연구에서는 측정도구의 개념타당성을 파악하기 위하여 정보의 손실을 최대한 줄이며 많은 변수들을 가중한 적은 수의 요인으로 줄이는데 효과적인 주성분분석을 실시하였으며, 요인들간의 상호독립성을 확보하기 위하여 직각회전방식을 실시하였다. 직각회전방식의 일종인 Varimax방법을 활용한 개념타당성 검증을 위한 회전요인행렬표는 <표　>와 같다.

분석결과 (　　　　　　　　　　　) 항목과 (　　　　　　　　)항목, (　　　　　　　　　　　　　) 등이 집중타당성이 떨어지는 것으로 나타났으며 이에 따라서 이들 항목의 제거 가능성이 제기되었다. 이외의 항목들은 개념내 항목간 상관성이 높게 제시되었으며 개념간 판별성 역시 적절한 것으로 나타났다.

요인추출의 기준은 다양하게 제기되고 있지만, 본 연구에서는 요인추출후 추출된 요인의 공통개념에 대한 설명력을 기준으로 요인추출을 실시하였다. 이외에도 아이겐값(Eigen value)의 급격한 변화를 고려한 스크리 도표등을 추가적으로 활용하였다. 요인부하량의 기준으로 수준으로 하였으며 최대설명력을 확보할 수 있는 기준으로 요인추출 아이겐값 를 기준으로 하였다. 전체적으로 추출된 요인에 의한 설명력은 최하 (　　)에서 최대 (　　　)로 추출되어 적절한 수준을 보이고 있다.

또한 요인분석을 위한 기본기정인 각 측정변수간의 적절한 상관성데 대한 가정을 확인하기 위하여 KMO표본 적합성 검증과 Bartlett검증을 실시하였다. KMO값의 경우도 (　　)에서 (　　)까지 나타나고 있으며 각 문항들에 대한 단위행렬검증의 경우에도 유의한 결과가 제시되어 단위행렬이라는 귀무가설을 기각할 수 있는 충분한 증거를 확보하였다.

이상의 측정 타당화 검증과정을 바탕으로 공분산 구조분석을 위한 확정적 요인분석을 실시하였다. 확정적 요인분석의 결과는 <표　　>와 같다.

5) 측정도구에 의한 검증결과

본 연구에서 측정도구에 대한 분석은 Nunnally가 제시한 측정타당화의 일반적 과정을 수행하였으며, 그 결과 총 (　)개 문항에서 <표 >에서와 같이 총(　)개 문항이 제거되어 총(　)개 항목이 가설검정을 위한 통계분석에 이용되었다.

[문항 타당화 결과]

<table>
<tr><th colspan="2">연구단위</th><th>최초
문항수</th><th>정화 결과</th><th colspan="2">요인분석 결과 재구성된
요인명 / 항목수</th><th>신뢰성 분석
결과</th><th>잔여변수</th><th>총잔여
변수</th></tr>
<tr><td>구성개념</td><td>문항</td><td>문항수</td><td>문항수</td><td>요인명</td><td>문항수</td><td>문항수</td><td>잔여
문항수</td><td>구성개념총
문항수</td></tr>
</table>

*: 요인분석 결과 나타난 요인명은 최초 문항명의 구체화

타당성의 검토는 확정적 요인분석을 실시하는 경우에 해당 개념들을 구분하여 실시를 하게되므로 탐색적 요인분석을 통하여 검토하는 과정은 생략하는 것이 일반적이다.

11장. 판별분석

11장. 판별분석

1. 분석 의의

판별분석은 측정되어진 자료의 특징들을 분류하여 추가적인 수집된 측정자료를 여러 모집단중 하나로 할당하는 분석기법이다. 종속변수가 범주형이고 독립변수가 비율척도일 때 주로 활용된다. 판별분석을 통해 측정값들의 여러 특징들을 산술식으로 표현함으로 수집된 측정값을 분리하도록 판별함수를 개발할 수 있으며 자료를 분류하고자 시도되기도 한다.

이용한 기업도산 예측모형을 생각해보자. 이 때 판별분석은 도산기업은 0, 정상기업을 1로 범주변수로 하고 이런 범주를 설명해 주는 안전성비율이나 현금흐름비율을 독립변수로 하는 판별함수을 도출한다. 판별함수로써 어떤 기업이 도산기업인지 아니면 정상기업인지를 판별할 수 있다.

2. 원 리

판별분석의 기본원리는 다 수의 집단으로 분류할 수 있는 변수들의 선형결합인 판별함수를 도출하고 이를 활용하여 추가로 수집된 각 측정값들을 각 집단으로 분류하기 위한 분류함수를 계산하는 것이다.

ⅰ) 판별함수와 판별계수

클레임발생건수(X_1)와 애프터서비스 발생건수(X_2)의 2개 변수로 품질관리 프로세스의 유무를 판별하는 판별함수식이 다음과 같다고 가정하자.

$$Z = W_1X_1 + W_2X_2$$

X_1 : 클레임 발생건수
X_2 : 애프터서비스 발생건수
W_1, W_2 : 판별계수
프로세스 확보기업 = 1, 미확보기업 = 2

일반적으로 품질관리 프로세스를 확보하고 있지 못한 기업의 경우에는 클레임 발생건수와 애프터서비스 발생건수가 높을 것이다. 만약 클레임 발생건수의 값이 작아지면 Z는 1 값을 가질 경우가 많고, 값이 커지면 Z의 값은 2의 값을 가질 경우가 많을 것이다. 만약 X_1에 대한 두 집단의 분포가 많이 겹치면 X_1은 품질관리 프로세스 확보 유무를 예측하는 변별력이 낮다고 할 수 있다. 반대로 X_1에 대한 두 집단의 분포가 멀리 떨어져 있으면 X_1은 프로세스 확보 유무를 예측하는 변별력이 높다고 할 수 있다.

판별계수 W_1, W_2는 판별분석과정에서 두 집단의 분포를 가장 멀리 떨어지게 하는 값으로서 X_1와 X_2와 같은 변수들이 어느 기업의 프로세스 확보유무를 판별하고자 할 경우 영향을 미치는 방향과 수준을 수치로 제시한다. 예를 들면, W_1가 0.18이면 클레임 건수(X_1)가 양의 방향으로 0.18만큼의 비율을 나타낸다는 의미가 된다. 표준화된 판별계수의 절대값이 클수록 그 변수가 다른 변수에 비해 프로세스 확보 유무를 판단하는데 더 크게 영향을 미침을 의미한다.

ii) 두 집단간의 거리

집단 X_1와 X_2에 대하여 품질관리 프로세스 확보기업 집단의 평균값을 Z_0, 미확보기업 집단의 평균값을 Z_1이라 하자. 판별분석에서는 일반적으로 두 집단의 분산은 서로 같다고 가정하는데 이를 동분산성의 가정이라 한다. 두 집단의 공통분산(pooled-sample variance)을 S_p^2라고 하면, 두 집단간의 거리 마하라노비스(Mahalanobis) D^2은 다음과 같이 정의된다.

$$D^2 = \frac{(\overline{Z_o} - \overline{Z_1})^2}{S_p^2}$$

$(\overline{Z_0} - \overline{Z_1})$가 크면 두 집단의 분포가 멀리 떨어져 있고 D^2의 값이 증가한다. 또한 두 분포의 퍼져 있는 정도인 S_p^2가 작으면 D^2의 값은 증가한다. 이와 같이 판별계수 W_1, W_2는 두 집단의 분포를 가장 멀리 떨어지도록 D^2을 최대화하는 값으로 얻어진다.

집단간의 거리만큼 문류과정에서 중요한 것은 집단들이 추출된 모집단들의 크기이다. 대부분의 경우 집단들간에 모집단의 크기가 동일하다고 가정하고 분석을 수행하지만 실제로 차이가 있다고 판단된다면 크기를 정해야만 한다. 예를 들어 어떤 두 집단이 원래 5:1로 분류되어져 있다면 한 측정치는 당연히 큰 구성비율을 가지는 집단으로 분류되어질 가능성이 높기 때문이다.

iii) 판별기준점 (cutoff point)

판별기준점은 판별함수로부터 계산되는 판별점수를 판단하는 기준값으로서 판별점수가 이 기준점보다 클 경우는 품질관리 프로세스 미확보로, 그리고 작은 경우는 프로세스 확보기업으로 판별한다.

[예제 판별분석] 품질관리 프로세스 확보 예측 (data2. sav)

수집된 기업자료를 바탕으로 클레임 건수(c30)와 애프터서비스 건수(c34)를 바탕으로 품질관리 프로세스를 확보(a44)하고 있는지 판단하고자 한다.

SPSS 절차

분석 ———▸ 분류분석 ———▸ 판별분석

입력된 자료

	a28	a29	a44	b34	b35	b36	b37
245	1	5	1	4	3	5	3
246	3	6	2	6	5	5	6
247	3	3	1	4	4	4	4
248	7	5	1	6	5	6	5
249	4	4	2	4	5	5	5
250	8	8	2	2	2	2	1
251	8	8	8	8	8	8	8
252	6	2	2	3	4	2	4
253	4	5	1	6	7	6	6
254	4	4	1	6	6	6	6

풀 이

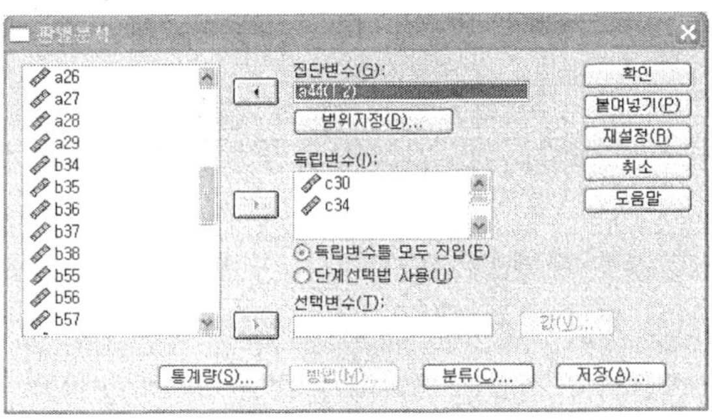

집단 통계량

a44		유효수(목록별) 가중되지 않음	가중됨
예	c30	183	183,000
	c34	183	183,000
아니오	c30	113	113,000
	c34	113	113,000
합계	c30	296	296,000
	c34	296	296,000

만약에 투입되는 독립변수에 대하여 회귀분석법의 단계선택법(stepwise 법)을 선택한다면 F값을 고려하여 투입되어질 변수를 선정할 수 있다. 본 예제의 경우에는 모든 독립변수를 진입하는 방법을 선택하였다. 만약에 독립변수 투입방법을 단계선택법으로 지정되면, 두 집단간의 기술통계량을 바탕으로 집단 평균간의 동질성의 검정을 실시할 수 있다.

진입된 / 제거된 변수a,b,c,d

단계	진입된	WilKs람다							
						정확한 F			
		통계량	자유도 1	자유도 2	자유도 3	통계량	자유도 1	자유도 2	유의확률
1	c30	.975	1	1	294.000	7.683	1	294.000	.006

각 단계에서 전체 Wilks의 람다를 최소화하는 변수가 입력됩니다.
a. 최대 단계 수는 4입니다.
b. 입력할 최소 부분 F는 3.84입니다.
c. 제거할 최대 부분 F는 2.71입니다.
d. F수준, 공차한계 또는 VIN 부족으로 계산을 더 수행할 수 없습니다.

본 예제의 경우에는 클레임 건수(c30)의 경우에 Wilks 람다가 .975로 1에 가까운 수치를 보이고 있어 총분산에 대한 집단내 분산비율이 매우 높다. 따라서 0.05 유의수준에서 집단간에 차이가 없음을 파악할 수 있다.

고유값

함수	고유값	분산의 %	누적 %	정준 상관
1	,026a	100,0	100,0	,160

a. 첫 번째 1 정준 판별함수가 분석에 사용되었습니다.

Wilks의 람다

함수의 검정	Wilks의 람다	카이제곱	자유도	유의확률
1	,975	7,571	1	,006

표준화 정준 판별함수 계수

	함수
	1
c30	1,000

구조행렬

	함수
	1
c30	1,000
c34a	,065

판별변수와 표준화 정준 판별함수 간의 집단-내 통합 상관행렬. 변수는 함수내 상관행렬의 절대값 크기순으로 정렬되어 있습니다.
a. 이 변수는 분석에 사용되지 않습니다.

판별분석에서 고유값(eigen value)은 집단내의 분산에 대한 집단간의 분산 비율을 의미한다. 여기에서는 (독립변수 - 1)의 판별함수가 가능하므로 하나의 판별함수가 가능한데 이 함수의 판별력을 판단할 수 있는 수치이다. Wilks람다를 χ^2로 변환하여 검정한 결과에 따르면 .006의 유의확률을 보여 판별함수에 따른 판별점수의 차이는 유의한 것으로 나타나 판별력이 양호한 판별식이 도출된 것으로 판단된다. 아울러 판별력이 높은 변수를 구분해 볼 수 있다. 본 예제의 경우에 품질관리 프로세스 확보 유무에 대한 클레임 건수와 애프터서비스 건수의 판별력을 파악하면, 단계선택법으로 선택되어져 유의한 독립변수로 남은 클레임 건수만을 대상으로 하고 있어 1.00으로 표준화 계수가 제시된다.

표준화 정준 판별함수 계수

	함수
	1
c30	.872
c34	.436

구조행렬

	함수
	1
c30	.901
c34	.493

판별변수와 표준화 정준 판별함수 간의 집단-내 통합 상관행렬. 변수는 함수내 상관행렬의 절대값 크기순으로 정렬되어 있습니다.

함수의 집단중심점

	함수
a44	1
예	.127
아니오	-.205

표준화하지 않은 정준 판별함수가 집단 평균에 대해 계산되었습니다.

만약에 독립변수들을 모두 진입시키는 방법을 선택한 경우에는 클레임 건수와 애프터서비스 건수가 각각 .872와 .436로 제시되어 있어 상대적으로 클레임 건수가 판별력이 높은 변수임을 확인할 수 있다. 구조행렬은 각 판별식과 독립변수간의 0차 상관계수인데 상대적으로 판별력이 높은 변수일수록 높은 수치를 보이는 것은 당연할 것이다. 최종적인 판별식은 표준화 판별함수 계수로 작성할 수 있으며 비표분화 판별함수를 사용하는 경우에는 반드시 단위를 기입하여 제시해야 한다. 마지막으로 판별점수의 중심점을 파악하면 품질관리 프로세스를 확보하고 있는 기업과 그렇지 않은 기업이 각각 0.127의 -0.205을 보이고 있다. 이 중심점을 바탕으로 표본들을 분류할 수 있는 경계점을 산출할 수 있다. 판별결과 53.4%가 올바르게 판별되었다.

분류결과[a]

a44			예측 소속집단		전체
			예	아니오	
원래값	빈도	예	72	111	183
		아니오	27	86	113
		집단화되지 않은 케이스	4	0	4
	%	예	39.3	60.7	100.0
		아니오	23.9	76.1	100.0
		집단화되지 않은 케이스	100.0	.0	100.0

a. 원래의 집단 케이스 중 53.4%이(가) 올바로 분류되었습니다.

12장. 공분산구조모형

12장. 공분산구조모형

1. 분석 의의

자연과학과는 달리 사회과학에서는 외생변수를 완벽하게 통제한 상태에서 실험설계를 구축하는 것은 불가능하다고 볼 수 있다. 따라서 인과모형이나 가설을 통계적으로 검증함으로써 연구의 인과관계를 추론한다. 예를 들어 기업의 매출액 증가는 광고액의 증가와 연구개발비의 증액에 기인한 것으로 파악되었다. 이때 매출액의 증가를 종속변수로 하고 광고액과 연구개발비를 독립변수로 한다면 모형을 다음과 같이 나타낼 수 있다.

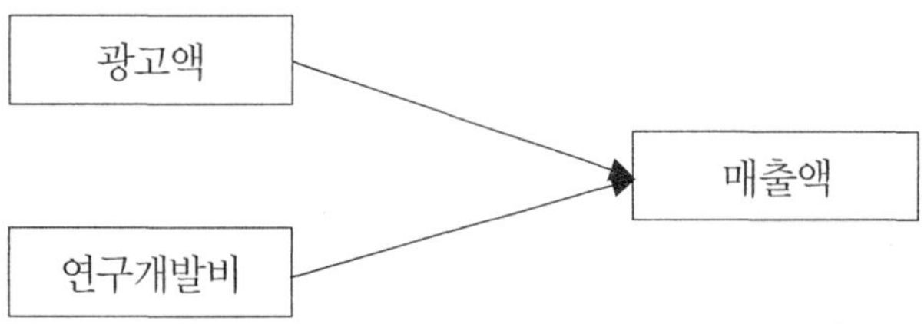

여기서 '광고액'은 지출액 광고비용으로 측정하고 '연구개발비'는 기업이 연구개발활동에 투자한 금액으로 측정한다. 일반적으로 이러한 연구모형은 자료의 모수자료임을 가정한다면 선형회귀분석을 활용하여 분석이 가능할 것이다. 독립변수가 2개이므로 다중회귀식으로 분석한다고 가정하면 다음과 같은 수식으로 표현할 수 있다.

$$y = \alpha + \beta_1 x_1 + \beta_2 x_1 + u$$

그러나 모형을 위의 식으로 표현하는 경우에 몇 가지 한계를 가진다. 첫째, 기업의 매출액 증가에 영향을 미칠 수 있는 독립변수가 회귀식에 누락되어 있는 경우를 가정할 수 있는데, 이 경우에 변수선정오류(Specification Error)를 발생시키며 회귀식에서 설명하지 못하는 부분이 상당히 커지게 된다. 특히 누락된 설명변수가 회귀식에 포함되어 있는 변수와 상관관계가 높을 경우 회귀식에 포함되어 있는 변수의 계수값에 편의(bias)를 발생시키게 된다. 둘째, 각 독립변수간에 유의한 상관관계가 존재할 경우에 회귀식은 각각의 독립변수의 회귀계수가 유의하더라도 공선성 문제로 인하여 해석상의 오류와 함께 설명력을 가질 수 없다. 셋째, 각 변수를 측정하는데 있어 하나의 측정값이 하나의 변수를 대변해주는 것으로 보고 있다. 그러나 대부분의 측정값은 측정오차를 내포한다.

구조방정식모형에서는 변수를 이론변수와 각 이론변수를 측정하는 측정변수로 나누고 가설검정의 대상이 되는 이론구조는 이론변수들 간의 연결관계(인과관계)에 의해 가설화되며, 측정구조는 각 이론변수가 어떤 측정변수에 의해 조작적으로 정의되었는가를 나타내는 설정으로 가설화된다.

이러한 구조방정식모형은 타당성의 검사에서도 기존의 MTMM이나 요인분석에 비해 보다 정확한 결과를 제공해 주는 것으로 알려진다. 개념타당성(construct validity)의 경우에 MTMM은 다음과 같은 점에서 타당성의 측정에 있어 단점을 보인다.

① 측정하고자 하는 개념의 타당성과 측정방법 타당성간의 구별이 모호하다는 단점을 지닌다. 따라서 common method variance를 검증할 필요성이 높아진다.
② 바람직한 수준의 타당성을 평가할 수 있는 포괄적인 기준을 제공하지 못한다.
③ 각 측정치간의 상관계수는 외생변수의 영향을 받을 수 있다. 그러나 MTMM은 정보의 Source에 대한 구분을 해주지 못한다.
④ 개념과 측정사이의 연결정도의 성격과 크기에 관한 정보(λ)를 제공하지 못한다.
⑤ 측정에 포함된 오류의 양(e_i)을 나타내지 못한다.

탐색적 요인분석은 직교회전을 할 경우 각 요인간에 상관관계가 없다고 가정하므로 실제 데이타에 상관관계가 존재할 경우 왜곡된 요인적재량을 보여줄 수 있으며 측정오차의 정도를 나타내 줄 수 없다는 단점을 지닌다.

그러나 공분산구조모형(SEM)의 경우 측정의 오차를 이론적 개념, 측정방법에 따른 오차(systematic error)와 비체계적 오차(random error)에 의한 것등 오차의 정도를 근원(source)에 따라 구분지어 줄 수 있으며 그 성격과 크기 등을 명시해 줄 수 있어 기존의 MTMM, 탐색적 요인분석법에 비하여 타당성을 보다 명확하게 측정할 수 있다.

구조방정식모형은 인과관계를 나타내는 개념 및 그 측정변수에 관한 연구에 적합한 기법이라 할 수 있다. 구조방정식에서의 각 계수는 일련의 선형구조방정식을 통해 추정되는데 각 변수는 직접적으로 측정되는 측정변수와 직접적으로는 측정되지 않으나 측정변수에 의해 대변되는 이론변수로 구분 지을 수 있다. 구조방정식 모형에서는 각 이론변수들 간에 인과관계가 존재하고, 측정변수는 각 이론변수의 속성을 나타내주는 것으로 가정하고 있다. 따라서 구조방정식 모형이란 이론변수, 측정변수, 측정오차, 이론변수간의 상호관계, 동시성, 상호관련성을 동시에 고려하여 이론모형을 구축하려 할 때 효과적인 기법이라 할 수 있다.

2. 구조방정식 모형

구조방정식 모형을 이해하는데 있어 가장 유용한 방법중의 하나는 path diagram을 이용하는 것이다. path diagram은 연구조의 이론모델의 구조를 쉽게 파악할 수 있게 해 줄 뿐 아니라 모델을 수학적으로 표시해 줄 수 있다는 장점을 가진다.

제시한 path diagram에서 화살표는 변수에서 변수로의 직접효과(direct effect)를 나타낸다. 반면에 쌍방향의 화살표는 변수간의 상관관계를 나타낸다. 원으로 둘러싸인 변수는 이론변수(latent variable, construct)를 나타내는데 이론변수는 외생변수(exogeneous variable)와 내생변수(endogeneous variable)로 나뉜다. 외생변수란 path diagram에서 어떤 변수로부터도 화살표를 받지 않는 변수이고, 내생변수는 적어도 하나 이상의 변수로부터 화살표를 받는 변수이다. 외생변수는 ξ(ksi)라 표시되며 내생변수는 η(eta)로 표시한다. 모델내에서 내생변수와 외생변수로 설명되지 못하는 부분을 잔차라하며 ζ(zeta)로 표시한다. 외생변수의 분산/공분산은 φ(phi)로, 내생변수의 분산/공분산은 ψ(psi)로 표시한다.

외생변수에서 내생변수로의 직접효과를 나타내는 계수는 γ(gamma)로 표시되며 내생변수에서 내생변수로의 직접효과를 나타내는 계수는 β(beta)로 표시된다. 이 때, 각 계수의 아래첨자의 첫번째 첨자는 종속변수, 두번째 첨자는 독립변수를 의미한다. 따라서 γ_{12}는 η_1이 ξ_2로부터 받는 직접효과를 나타내는 계수라 할 수 있다.

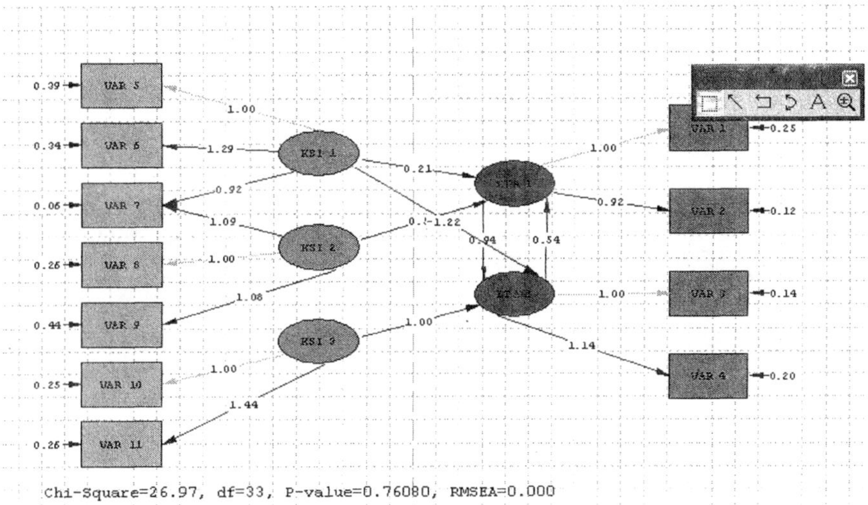

반면 사각형으로 둘러싸인 변수는 측정변수를 나타내는데 외생변수에 대한 측정변수는 x로 내생변수에 대한 측정변수는 y로 각각 표시한다. 이론변수에서 측정변수로 향하는 값은 요인분석에서의 요인적재량과 기본적으로 동일하며 x에 대한 계수는 λ_x(lambda x)로 y에 대한 계수는 λ_y(lambda y)로 표시한다. 한편 x에 대한 측정오차는 δ(delta)로, y에 대한 측정오차는 ε(epsilon)으로 표시한다. 여기에서 각 측정변수에 대한 계수의 첨자는 이론모형에서의 첨자와 기본적으로 동일하다. 즉, λ_{x12}는 x_2가 ξ_1부터 받는 효과 또는 x_2의 ξ_1에 대한 요인적재량을 의미한다. 이론모델과 측정모델에서의 표기를 정리하면 각각 다음과 같다.

[이론모델에서의 계수]

	표 기	행 렬	LISREL
외생변수 → 내생변수	γ(gamma)	Γ	GA
내생변수 → 외생변수	β(beta)	B	BE
외생변수의 분산/공분산	φ(phi)	Φ	PH
잔차변수의 분산/공분산	ψ(psi)	Ψ	PS

[측정모델에서의 계수]

	표 기	행 렬	LISREL
외생변수 → 측정변수 x	λ^x (lambda x)	Λ_x	LX
내생변수 → 측정변수 y	λ^y (lambda y)	Λ_y	LY
x의 측정오차	δ(delta)	Θ_δ	TD
잔차변수의 분산/공분산	ε(epsilon)	Θ_ε	TE

3. 구조방정식 모형의 도출

구조방정식 모형은 앞에서 언급한 것처럼, 측정모델과 이론모델로 나뉜다. 측정모델은 각 이론변수가 어떤 측정변수들에 의해 측정되는 가를 보여주는 모델이며 이론모델은 이론변수들 간의 관계를 보여주는 모델이다. 측정모델은 요인분석의 모델과 수학적으로 동일하며 이론모델은 이론변수들 간의 회귀분석과 동일하다고 볼 수 있다. 따라서 공분산구조모형은 회귀분석과 요인분석의 혼합모형이라고도 할 수 있다.

이론변수의 독립변수와 종속변수의 random vector인 와 $\xi' = (\xi_1, \xi_2, \cdots \xi_n)$를 고려할 때 다음과 같은 선형관계식이 성립한다.

$$\eta = B\eta + \Gamma\xi + \zeta$$

여기서 B(m×m)과 Γ(m×n)은 각각 계수행렬을, $\zeta' = (\zeta_1, \zeta_2, \cdots \zeta_m)$는 잔차의 random vector를 말한다. 계수 B는 하나의 외생변수 η에서 또 다른 η로의 직접효과를 나타내며 계수행렬 Γ는 내생변수 ξ에서 외생변수 η로의 직접효과를 의미한다.

이때 이론변수인 ξ와 η는 직접적인 측정을 수행하지 않고 측정변수들에 의해 측정이 이루어지므로 측정변수인 $y' = (y_1, y_2, \cdots y_p)$와 $x' = (x_1, x_2, \cdots x_q)$로서 측정이 가능하다. 따라서 y에 대한 측정모델은 $y = \Lambda_y \eta + \varepsilon$, x에 대한 측정모델은 $x = \Lambda_x \xi + \delta$로 표기한다. Φ(n×n), Ψ(m×m)을 각

각 ξ와 η의 분산-공분산 행렬이라 하고, θ_{ε}와 θ_{δ}를 각각 ε와 δ의 분산-공분산행렬이라 할 때, 이론변수(ξ, η)의 분산-공분산 행렬은 다음과 같이 분할(Partition)할 수 있다.

$$\Omega = \begin{pmatrix} \Omega_{\eta\eta} & \Omega_{\eta\xi} \\ \Omega_{\xi\eta} & \Omega_{\xi\xi} \end{pmatrix}$$

그러면 Ω는 계수인 B,Γ,Φ,Ψ의 함수로 나타낼 수 있다.

$$\Omega_{\eta\eta} = B^{-1}\Gamma\Phi\Gamma'B'^{-1} + B^{-1}\Psi B'^{-1}$$
$$\Omega_{\eta\xi} = \Omega_{\xi\eta} = B^{-1}\Gamma\Phi$$
$$\Omega_{\xi\xi} = \Phi$$

한편 측정변수의 분산-공분산행렬을 $z = (y', x')'$라 할 때 $z = (y', x')'$ 도 아래와 같이 동일하게 분할할 수 있다.

$$\Sigma = \begin{pmatrix} \Sigma_{yy} & \Sigma_{yx} \\ \Sigma_{xy} & \Sigma_{xx} \end{pmatrix}$$

이때 각각의 Σ는

$$\Sigma_{yy} = \Lambda_y \Omega_{\eta\eta} \Lambda'_y + \Theta_{\varepsilon}^{2}$$
$$\Sigma_{yx} = \Sigma'_{xy} = \Lambda_y \Omega_{\eta\xi} \Lambda'_x$$
$$\Sigma_{xx} = \Lambda_x \Omega_{\xi\xi} \Lambda'_x + \Theta_{\delta}^{2}$$

로 각각의 분산-공분산 행렬을 표시할수 있다. 이제 측정변수의 분산-공분산 행렬인 위의 식을 계수들의 함수로 표현하면 다음과 같다.

$$\Sigma = \begin{pmatrix} \Lambda_y B^{-1}(\Gamma\Phi\Gamma' + \Psi)B'^{-1}\Lambda'_y + \Theta_{\varepsilon} & \Lambda_y B^{-1}\Gamma\Phi\Lambda'_x \\ \Lambda_x \Phi\Gamma' B'^{-1}\Lambda'_y & \Lambda_x \Phi \Lambda'_x + \Theta_{\delta} \end{pmatrix}$$

이러한 일련의 구조방정식 모형은 연구자가 가정한 모델이 설정하고 있는 각 계수를 추정하고, 그 추정된 계수를 이용하여 관찰된 변수들의 예측된 분산-공분산 행렬(Σ)을 역산한 후 예측된 분산-공분산 행렬(Σ)과 측정변수의 분산 공분산 행렬 $z=(y',x')'$ 간의 차이를 최소화하는 것이라 볼 수 있다. 이때 연구자는 추정하여야할 계수가 어떤 것인지를 직접 지정해주어야 한다. 계수의 종류는 다음과 같다.

① 고정 계수(fixed parameters) : 연구자가 사전에 값을 지정해 주는 계수
② 제한 계수(constrainted parameters) : 추정되어야 하며 하나 혹은 그 이상의 계수와 동일한 값을 갖는 계수
③ 추정 계수(free parameters) : 추정되어야 하나 타 계수와 동일한 값을 갖지 않는 계수

따라서 연구자는 위의 3가지 종류의 계수를 자신의 이론구조에 맞추어 적절히 배분해야 하는데 통계적 논리보다는 연구모형을 중심으로 설정되어야 할 것이다. 각 계수를 연구자의 이론구조에 맞게 표시하는 경우에 내생이론변수인 η 기준으로 설정하여 행렬을 바탕으로 표현하면 다음과 같다.

$$\eta = B\eta + \Gamma\xi + \zeta$$

$$\begin{pmatrix} \eta_1 \\ \eta_2 \end{pmatrix} = \begin{pmatrix} 0 & \beta_{12} \\ \beta_{21} & 0 \end{pmatrix}\begin{pmatrix} \eta_1 \\ \eta_2 \end{pmatrix} + \begin{pmatrix} \gamma_{11} & \gamma_{12} & 0 \\ \gamma_{21} & 0 & \gamma_{23} \end{pmatrix}\begin{pmatrix} \xi_1 \\ \xi_2 \\ \xi_3 \end{pmatrix} + \begin{pmatrix} \zeta_1 \\ \zeta_2 \end{pmatrix}$$

이를 일반적인 회귀식 형태의 수식형태로 각각 나타내면 다음과 같다.

$$\eta_1 = \beta_{12}\eta_2 + \gamma_{11}\xi_1 + \gamma_{12}\xi_2 + \zeta_1$$

$$\eta_2 = \beta_{21}\eta_1 + \gamma_{21}\xi_1 + \gamma_{23}\xi_3 + \zeta_2$$

내생이론변수의 측정변수를 수식으로 나타내고 행렬을 바탕으로 표기하면 다음과 같다.

$$y = \Lambda_y \eta + \varepsilon$$

$$\begin{pmatrix} y_1 \\ y_2 \\ y_3 \\ y_4 \end{pmatrix} = \begin{pmatrix} 1 & 0 \\ \lambda^y{}_{21} & 0 \\ 0 & 1 \\ 0 & \lambda^y{}_{42} \end{pmatrix} \begin{pmatrix} \eta_1 \\ \eta_2 \end{pmatrix} + \begin{pmatrix} \varepsilon_1 \\ \varepsilon_2 \\ \varepsilon_3 \\ \varepsilon_4 \end{pmatrix}$$

외생이론변수의 측정변수를 수식으로 나타내고 행렬을 바탕으로 표기하면 다음과 같다.

$$x = \Lambda_x \xi + \delta$$

$$\begin{pmatrix} x_1 \\ x_2 \\ x_3 \\ x_4 \\ x_5 \\ x_6 \\ x_7 \end{pmatrix} = \begin{pmatrix} 1 & 0 & 0 \\ \lambda^x{}_{21} & 0 & 0 \\ \lambda^x{}_{31} & \lambda^x{}_{32} & 0 \\ 0 & 1 & 0 \\ 0 & \lambda^x{}_{52} & 0 \\ 0 & 0 & 1 \\ 0 & 0 & \lambda^x{}_{73} \end{pmatrix} \begin{pmatrix} \xi_1 \\ \xi_2 \\ \xi_3 \end{pmatrix} + \begin{pmatrix} \delta_1 \\ \delta_2 \\ \delta_3 \\ \delta_4 \\ \delta_5 \\ \delta_6 \\ \delta_7 \end{pmatrix}$$

여기서 y와 x에 대한 측정오차행렬인 θ_ε와θ_δ는 각각 대각선 행렬(Diagonal matrix)이다.

$$\theta_\varepsilon = \begin{pmatrix} \theta_{\varepsilon 1} & 0 & 0 & 0 \\ 0 & \theta_{\varepsilon 2} & 0 & 0 \\ 0 & 0 & \theta_{\varepsilon 4} & 0 \\ 0 & 0 & 0 & \theta_{\varepsilon 4} \end{pmatrix}$$

$$\theta_\delta = \begin{pmatrix} \theta_{\delta 1} & 0 & 0 & 0 & 0 & 0 & 0 \\ 0 & \theta_{\delta 2} & 0 & 0 & 0 & 0 & 0 \\ 0 & 0 & \theta_{\delta 3} & 0 & 0 & 0 & 0 \\ 0 & 0 & 0 & \theta_{\delta 4} & 0 & 0 & 0 \\ 0 & 0 & 0 & 0 & \theta_{\delta 5} & 0 & 0 \\ 0 & 0 & 0 & 0 & 0 & \theta_{\delta 6} & 0 \\ 0 & 0 & 0 & 0 & 0 & 0 & \theta_{\delta 7} \end{pmatrix}$$

내생변수(ξ)와 외생변수(η)의 분산/공분산 행렬인 Φ와 Ψ는 각각 대칭 형렬(symmetric matrix)이다.

$$\Phi = \begin{pmatrix} \phi_{11} & & \\ \phi_{21} & \phi_{22} & \\ \phi_{31} & \phi_{32} & \phi_{33} \end{pmatrix} \qquad \Psi = \begin{pmatrix} \psi_{11} & \\ \psi_{21} & \psi_{22} \end{pmatrix}$$

계수들 중 그리스문자로 표현된 계수는 추정 계수(Free Parameters)를 나타내며 '0' 또는 '1'로 표현된 계수는 고정 계수(Fixed Parameters)를 나타낸다. 이 중 '0'값은 모델내의 두 변수간에 아무런 관계도 없다는 것을 나타내며 '1'값은 두 변수간의 동치관계를 의미한다.

일반적으로 내생변수(ξ)와 외생변수(η)는 직접적으로 측정되지 못하므로 구체적인 척도가 존재하지 못한다. 그러나 척도가 있어야만 경로계수에 대한 해석이 가능하다. 따라서 이론변수간의 계수 Γ 등을 해석하기 위해서는 이론변수에 척도를 부여하여야 한다. 이 중 가장 간단한 방법은 각각의 행렬 중 각 열에 따라 0이 아닌 숫자를 고정시키는 것이다. 대부분의 경우에는 1로 구정된다. 척도를 부여하는 또 다른 방법은 각 이론변수가 표준화되어 있다고 가정하는 것이다. 그러나 이 방법은 외생변수(ξ)에는 사용가능하나 내생변수(η)에는 사용할 수 없다는 한계를 가진다. 일반적으로 척도를 대응시키는 변수는 연구자가 이론 구조상 가장 적절히 이론변수를 대표할 수 있다고 보는 변수를 선택해야 하는데 모든 측정변수들을 추정계수화하여 모형을 구축하고 그 중에서 가장 요인적재량이 높은 값을 1로 고정하는 방법을 취한다.

4. 모형의 검증

모델설계가 끝난 후 반드시 모델내의 각 계수가 유일한 값으로 구해질 수 있는지를 확인해 보아야 한다. 이 과정에서 하나의 계수가 유일해를 보일 때 그 계수가 인정(identified)되었다고 하고, 모델 내의 모든 계수가 인정될 때 '모델이 인정'되었다고 한다. 이러한 계수의 인정은 연구자의 모델설계, 계수의 종류 선택에 따라 가능성이 다르게 된다. 연구자의 모델 내에서 각각의 계수($\Lambda_y, \Lambda_x, B, \Gamma, \Phi, \Psi, \Theta_\delta, \Theta_\varepsilon$)들은 유일한 Σ를 생산해야 하지만 실제로는 동일한 Σ를 생산하는 계수들은 여러 집합으로 이루어질 수 있다. 이러한 계수들의 집합을 동등(equivalent)하다고 하며 한 계수가 동등한 계수집합 내에서 모두 동일한 해를 가질 때 그 계수는 인정되었다고 볼 수 있다. 모델 인정가능성은 자유도로 평가한다.

측정변수의 분산-공분산 행렬인 $z = (y', x')'$와 추정된 계수에 의해 역산된 분산-공분산 행렬인 Σ간의 차이 $(z - \Sigma)$를 최소화하는 계수를 추정하는 것이 모델평가이다. LISREL에서 제공하고 있는 모델평가방법(model estimation)은 다음과 같다.

* Instrumental Variables Method(IV)
* Two-stage Least Squares Method(TSLS)
* Unweighted Least Squares Method(ULS)
* Generalized Least Squares Method(GLS)
* Maximum Likelihood Method(ML)
* Generally Weighted Least Squares Method(WLS)
* Diagonally Weighted Least Squares Method(DWLS)

이 중 IV와 TSLS를 제외한 나머지 방법은 순환산출방식(Iterative Method)에 의해 계수를 추정하는 반면 IV와 TSLS는 순환산출방식을 사용하지 않는다. 따라서 보다 빠른 출력결과을 제공할 수 있으며 IV와 TSLS에 의한 추정치는 ULS, GLS, ML, WLS, DWLS등의 초기값(initial value)으로 사용될 수 있다. 일반적으로 ML, GLS를 활용하며 정규분포를 가정하지 못할 때는 ULS법을 사용할 수 있으나 ULS는 S와Σ 의 차이가 어느 정도 클 때 통계적으로 유의미한지를 알려줄 수 없다는 단점과 분산-공분산행렬을 자료로 사용할 경우와 상관 행렬을 자료로 사용할 경우 현격히다른 결과를 제공해 줄 수 있다(Scale Dependency)는 단점을 지니고 있다.

5. 프로그램 입력

LISREL의 입력부분은 다음과 같은 구조로 이루어져 있다.

```
1. Title
2. DA 명령문------------------------------------------------Data 종류 기입 명령문
      DA NI=□, NO=□, MA=□                c
      CM / KM   FU / SY
3. SE 명령문------------------------------------------------변수선택 순서 지정 명령문
4. MO 명령문------------------------------------------------연구모형 지정 명령문
         NY=□, NX=□, NE=□, NK=□
         MN=MF,FF
         FR과 FI 명령문
         VA와 ST 명령문
5. OU 명령문 -----------------------------------------------출력결과 지정 명령문
```

한 명령문이 끝날 경우에는 enter를 눌러주거나 또는 ; 으로 명령문들을 구분할수 있다. 반면 한 명령문이 다음 줄에 연결될 경우에는 C를 명기해 주면 된다. 각각의 명령문에서 대문자, 소문자 혹은 둘의 조합으로 명령어를 표현해도 프로그램의 실행에는 관계가 없다. 그러나 DA, MO, OU 등과

같이 명령문의 두글자는 프로그램이 인식할 수 있는 형태로 입력하여야 한다 LISREL에서는 각 명령문과 명령어에 아무것도 기입하지 않을 경우 다음과 같은 기본값(default)에 따르도록 되어 있다.

[LISREL에서의 계수행렬]

이 름	LISREL형식	순 서	사용가능한 형식	기본형식	고정 / 자유
람다Y	LY	NY×NE	ID,IZ,ZI,DI,FU	FU	FI
람다X	LX	NX×NK	ID,IZ,ZI,DI,FU	FU	FI
Beta	BE	NE×NE	ZE,SD,FU	ZE	FI
Gamma	GA	NE×NK	ID,IZ,ZI,DI,FU	FU	FR
Phi	PH	NK×NK	ID,DI,SY,ST	SY	FR
Psi	PS	NE×NE	ZE,DI,SY	SY	FR
Theta-Epsilon	TE	NY×NY	ZE,DI,SY	DI	FR
Theta-Delta	TD	NX×NX	ZE,DI,SY	DI	FR

각 행렬의 기본 형식은 다음과 같다.

* ZE = 0, 영행렬

* ID = **I** (Identity matrix), 단위행렬

* IZ = (**I** 0) or $\begin{pmatrix} I \\ 0 \end{pmatrix}$ (Partitioned identity and zero)

* ZI = (0 **I**) or $\begin{pmatrix} 0 \\ I \end{pmatrix}$ (Partitioned zero and identity)

* DI = 대각행렬

행렬의 대각선 요소를 제외한 모든 요소들이 0인 정방행렬을 대각행렬이라 하며, $\begin{pmatrix} 2&0&0 \\ 0&4&0 \\ 0&0&3 \end{pmatrix}$ 은 대각행렬이다.

* SD = 대각선은 0이고 그 아래는 대각행렬

* SY = 대각이 아닌 대칭행렬

행렬이 정방행렬이 경우에 원소들이 $a_{ij} = a_{ji}$이면 대칭행렬이라고 본다.

* ST = 대각선은 1인 대칭행렬

* FU = 비대칭인 사각행렬

1) Title

DA 명령문의 앞에 제목을 입력할 수 있다. LISREL은 DA 명령문 이전의 모든 문장은 제목으로

인식하므로 몇 줄을 기입하건 상관 없다.

2) DA 명령문

NI는 입력변수의 수를 나타내며, NO는 표본수 또는 관측치의 수, MA는 분석될 자료의 행렬형태를 나타낸다. 공분산행렬(CM), 상관행렬(KM)이 사용되어 진다.

3) SE 명령문

변수선택 순서를 지정해주는 명령문이다. 입력된 변수중에서 일부만 뽑아서 분석하거나 변수들의 순서를 바꾸기 위해 사용한다. 입력순서는 기본적으로 외생측정변수가 먼저 나오고 이후에 내생측정변수가 나온다.

4) MO 명령문

① NY=□, NX=□, NE=□, NK=□

모델내의 y변수, x변수, η변수, ξ변수의 개수를 지정해주는 명령어이다.

② MN=MF,FF

여기서 MN은 계수의 행렬을 나타낸다. 따라서 MN에는 LY, LX, BE, GA, PH, PS, TE, TD 중 하나를 입력해 줄 수 있다. MF는 행렬의 형태를 지정해 주는 것이다. 예를 들면 FU, SY, ZE, ID, ZI, DI, SD, ST등이 입력될 수 있다. FF는 고정된 계수(FI)와 추정될 계수(FR)의 형태를 지정해 주는 것이다.

③ FR과 FI 명령문

MN=MF,FF에서 지정된 계수행렬의 형태와 다르게 계수의 값을 지정해주는 명령어이다.

④ VA와 ST 명령문

고정된 계수값이 기본값인 0이 아니거나 추정될 계수값에 대한 초기값(starting value)을 지정해주려 할 때 사용된다.

5) OU 명령문

OU 명령문은 출력문의 내용을 지정해주는 명령문이다.

6. 명령문의 예

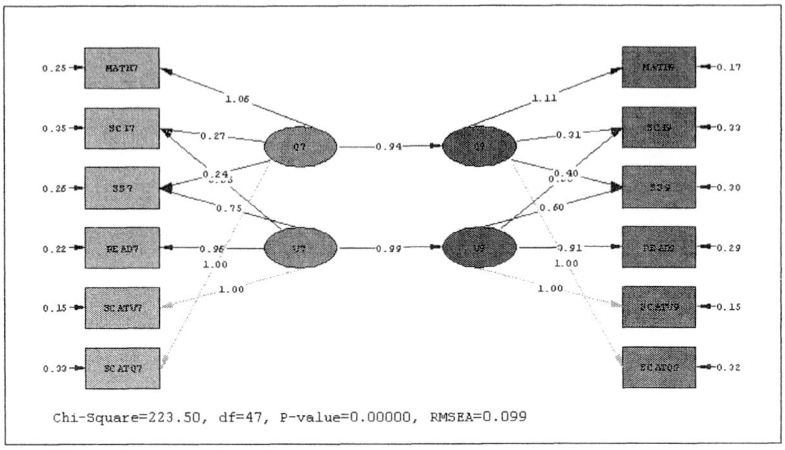

위의 연구모형을 검정을 위해 Lisrel을 이용해 명령문을 작성해보고자 한다.

```
MODEL연습
DA NI=12 NO=383
LA
MATH7 SCI7 SS7 READ7 SCATV7 SCATQ7 MATH9 SCI9 SS9 READ9 SCATV9 SCATQ9
KM SY
1
.6498 1
.6809 .7362 1
.6959 .7025 .7570 1
.6868 .7120 .7844 .8287 1
.7053 .5971 .6433 .6088 .6096 1
.7364 .6085 .6528 .6574 .6533 .6953 1
.6419 .7339 .7434 .6794 .6995 .5606 .6686 1
.6719 .6905 .7462 .7239 .7227 .5994 .7055 .7391 1
.6400 .6346 .7178 .7724 .7512 .5693 .6644 .6934 .6927 1
.6837 .7155 .7557 .7909 .8830 .5998 .6911 .7355 .7400 .7879 1
.6511 .5164 .5445 .5445 .5621 .7145 .7521 .5774 .6065 .5903 .5918 1

SE
7 8 9 10 11 12 1 2 3 4 5 6
MO NX=6 NY=6 NK=2 NE=2
LE
Q9 V9
```

```
LK
Q7 V7
FI GA 1 2 GA 2 1
FR LY 1 1 LY 2 1 LY 2 2 LY 3 1 LY 3 2 LY 4 2
FR LX 1 1 LX 2 1 LX 2 2 LX 3 1 LX 3 2 LX 4 2
VA 1 LX 5 2 LX 6 1
VA 1 LY 5 2 LY 6 1
PD
OU SE TV MI RS
```

위의 명령문에서 출력명령어 OU에서 SE는 표준오차를, TV는 t통계량을 제시하도록 명령어를 작성한 것이다. MI는 수정지수를 RS는 잔차와 표준잔차의 Q-plot를 작성하도록 명령어를 제시한 것이다. 미지수 추정방법을 특별하게 지정하지 않으면 ML로 추정한다. 출력결과를 살피면 다음과 같다.

우선 모형에서 투입된 외생 및 내생이론변수의 수와 각 측정변수의 수를 제시한다. 추가적 분산-공분산 행렬 잔차를 계산하기 위한 공분산 행렬을 제시하게 된다.

```
예  제

                Number of Input Variables 12
                Number of Y - Variables    6
                Number of X - Variables    6
                Number of ETA - Variables  2
                Number of KSI - Variables  2
                Number of Observations   383

예  제

     Covariance Matrix

           MATH9      SCI9       SS9     READ9    SCATV9    SCATQ9
        --------  --------  --------  --------  --------  --------
 MATH9      1.00
  SCI9      0.67      1.00
   SS9      0.71      0.74      1.00
 READ9      0.66      0.69      0.69      1.00
SCATV9      0.69      0.74      0.74      0.79      1.00
SCATQ9      0.75      0.58      0.61      0.59      0.59      1.00
 MATH7      0.74      0.64      0.67      0.64      0.68      0.65
  SCI7      0.61      0.73      0.69      0.63      0.72      0.52
   SS7      0.65      0.74      0.75      0.72      0.76      0.54
 READ7      0.66      0.68      0.72      0.77      0.79      0.54
SCATV7      0.65      0.70      0.72      0.75      0.88      0.56
SCATQ7      0.70      0.56      0.60      0.57      0.60      0.71
```

다음은 자유 특징수로 추정되는 경로와 분산-공분산 요소에 대하여 확인이 제시된다. 일련번호를 통해 총 몇개 정도의 추정계수가 있는지 파악할 수 있으며 연구모형 설정에서 연구자의 의도대로 추정계수가 설정되어 있는지를 알 수 있다.

```
Parameter Specifications

         LAMBDA-Y

                    Q9          V9
               --------    --------
    MATH9           1           0
     SCI9           2           3
      SS9           4           5
    READ9           0           6
   SCATV9           0           0
   SCATQ9           0           0

         LAMBDA-X

                    Q7          V7
               --------    --------
    MATH7           7           0
     SCI7           8           9
      SS7          10          11
    READ7           0          12
   SCATV7           0           0
   SCATQ7           0           0

         GAMMA

                    Q7          V7
               --------    --------
       Q9          13           0
       V9           0          14
```

다음은 잔차와 표준화된 잔차를 파악할 수 있다.

```
         Fitted Residuals

              MATH9      SCI9       SS9     READ9    SCATV9    SCATQ9
           --------  --------  --------  --------  --------  --------
    MATH9      0.00
     SCI9      0.01      0.00
      SS9      0.01      0.05      0.00
    READ9      0.06      0.01      0.00      0.00
   SCATV9      0.03     -0.01     -0.01      0.01      0.00
   SCATQ9      0.00     -0.02     -0.02      0.04      0.00      0.00
    MATH7      0.00      0.00      0.00      0.03      0.01     -0.02
     SCI7     -0.02      0.08      0.03     -0.03     -0.01     -0.05
      SS7     -0.01      0.05      0.03      0.00     -0.03     -0.05
    READ7      0.02     -0.03      0.01      0.03     -0.02     -0.03
   SCATV7     -0.01     -0.04     -0.03     -0.02      0.04     -0.04
   SCATQ7      0.00     -0.05     -0.03     -0.01     -0.04      0.08

         Fitted Residuals

              MATH7      SCI7       SS7     READ7    SCATV7    SCATQ7
           --------  --------  --------  --------  --------  --------
    MATH7      0.00
     SCI7      0.01      0.00
      SS7      0.01      0.04      0.00
    READ7      0.05      0.00      0.00      0.00
   SCATV7      0.01     -0.02     -0.01      0.01      0.00
   SCATQ7     -0.01     -0.01      0.00     -0.01     -0.03      0.00
```

Fitted residual은 수집된 자료를 바탕으로 입력된 분산-공분산 행렬과 계산된 분산-공분산 행렬간의 차이를 말한다. 따라서 각 원소의 값이 작다면 연구자가 설정한 모형의 현실 적합도가 높다고 할 수 있다. 만약에 상관계수 행렬을 통하지 않고 분산-공분산 행렬을 입력자료로 활용하여 명령어가 작성되어 있는 경우에는 단위가 일정하지 않을수 있어 fitted residual 행렬을 바탕으로 적합도를 평가하는데 한계를 가진다. 따라서 fitted residual을 표준오차로 나누어 표준화한 잔차(standardized residual)을 통해 적합도를 평가해야 한다.

Standardized Residuals

	MATH9	SCI9	SS9	READ9	SCATV9	SCATQ9
MATH9	- -					
SCI9	0.74	0.73				
SS9	1.19	3.65	0.73			
READ9	3.15	1.02	0.33	- -		
SCATV9	2.14	-0.77	-1.44	1.04	- -	
SCATQ9	0.34	-1.37	-1.63	1.95	-0.26	- -
MATH7	-0.13	-0.16	0.12	1.35	0.82	-1.34
SCI7	-1.25	4.97	1.65	-2.11	-1.34	-2.65
SS7	-0.81	3.27	2.61	-0.02	-3.73	-3.28
READ7	1.21	-2.32	0.42	2.75	-3.16	-1.55
SCATV7	-0.81	-4.10	-2.91	-2.95	7.35	-2.17
SCATQ7	-0.25	-2.71	-2.06	-0.61	-2.26	5.62

Standardized Residuals

	MATH7	SCI7	SS7	READ7	SCATV7	SCATQ7
MATH7	- -					
SCI7	1.00	- -				
SS7	0.51	3.12	- -			
READ7	2.92	-0.10	-0.13	- -		
SCATV7	0.69	-2.45	-0.96	1.66	- -	
SCATQ7	-0.68	-0.41	0.29	-0.32	-2.03	- -

본 사례의 경우에는 표준화된 잔차의 일부 자료에서 2.5를 상회하는 수준의 잔차가 발견되고 있어 적합도가 아주 양호한 수준이라고 보기에는 한계가 있다.

여기에서 표준화된 잔차의 Q-plot은 긴요하게 활용된다. 전상분포에 대한 차이에 대하여 표준화된 잔차를 도식화한 것인데, 기울기가 1보다 크다면 모델이 자료에 잘 부합된다는 의미를 가진다. 추가적으로 측정값들이 직선에서 위배되는 경우에는 다변량 정규분포에 위해된다는 의미를 내포하고 있다.

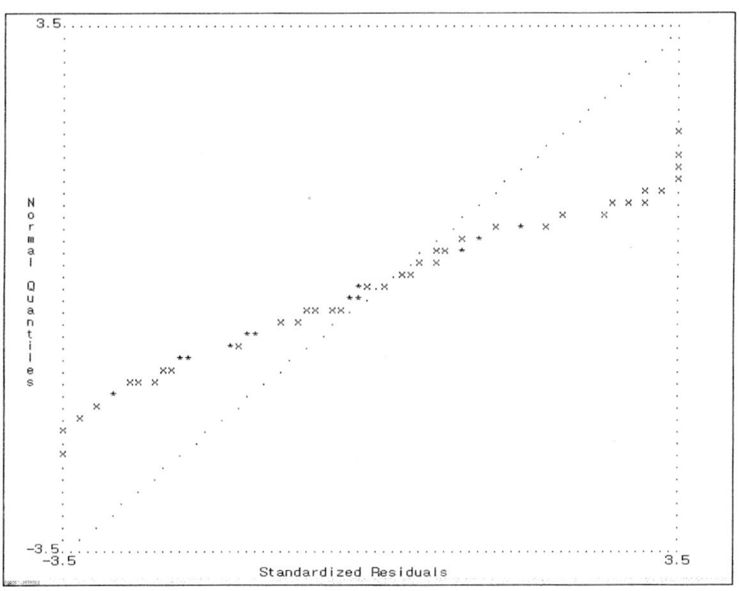

마지막으로 각 경로에 대한 해석을 중심으로 살펴보도록 한다. 가장 먼저 제시되는 lisrel estimates는 각 이론변수간, 이론변수와 측정변수간의 경로 수치를 제시한다.

```
LISREL Estimates (Maximum Likelihood)

         LAMBDA-Y

                  Q9          V9
              --------    --------
    MATH9       1.11         - -
               (0.05)
                21.27

     SCI9       0.31        0.65
               (0.07)      (0.06)
                 4.20       10.19

      SS9       0.40        0.60
               (0.07)      (0.06)
                 5.62        9.83

    READ9        - -        0.91
                           (0.04)
                            25.04

   SCATV9        - -        1.00

   SCATQ9       1.00         - -
```

```
         GAMMA

                  Q7          V7
              --------    --------
       Q9       0.94         - -
               (0.06)
                16.85

       V9        - -        0.99
                           (0.03)
                            31.05

         PHI

                  Q7          V7
              --------    --------
       Q7       0.67
               (0.07)
                 9.54

       V7       0.64        0.85
               (0.06)      (0.07)
                10.92       11.82
```

각 경로계수와 분산공분산계수에는 각각 경로계수와 오차, t-통계량이 제시되어 있어 통계적으로 유의한 계수가 계산되었는지 파악할 수 있다. 모형의 수립과정에 따라서는 외생이론변수의 내생이론에 대한 간접효과와 직접효과를 구분해야 할 경우가 발생할 수 있다. 내생이론변수가 또 다른 내생이론변수에 대하여 보이는 효과의 구분도 가능할 것이다.

```
Total and Indirect Effects

         Total Effects of KSI on Y

                  Q7          V7
              --------    --------
    MATH9       1.18       -0.14
               (0.14)      (0.11)
                 8.48       -1.27

     SCI9       0.23        0.69
               (0.10)      (0.09)
                 2.33        7.82

      SS9       0.32        0.64
               (0.10)      (0.09)
                 3.29        7.40

    READ9      -0.06        0.96
               (0.08)      (0.07)
                -0.82       13.06

   SCATV9      -0.07        1.04
               (0.08)      (0.08)
                -0.82       13.77

   SCATQ9       1.08       -0.13
               (0.13)      (0.10)
                 8.27       -1.27
```

간접효과는 전체효과에서 직접효과를 차감한 값이다. 각 경로에 대한 유의성 검정은 전체 모형의 적합도 수준이 양호한 경우에 한해 이루ㅇ어져야 할 것이다. 모델이 현실적 자료에 잘 부합할 때 모형구축이 양호하다고 평가할 수 있는데, 적합도 평가에는 카이자승치가 가장 보편적으로 활용되나 정규분포 가정에 대한 엄격한 적용, 표본수에 대한 민감성등을 이유로 개발되어진 부합도를 통해 평가하는 것이 일반적이다.

```
        Root Mean Square Residual (RMR) = 0.026
                Standardized RMR = 0.026
           Goodness of Fit Index (GFI) = 0.92
      Adjusted Goodness of Fit Index (AGFI) = 0.86
```

가장 흔히 사용되는 부합도 지표는 GFI와 AGFI인데 1에 가까운 수치일수록 높은 부합도를 가지는 것으로 평가하며 잔차의 차이인 RMR은 낮은수록 부합도가 높은 것으로 평가한다.

마지막으로 모델을 개선하기 위해서는 고정화된 경로를 자유화하거나 자유화된 경로를 고정화하여 개선작업을 수행해야만 한다. 이때 고정화된 경로를 자유화하면 적합도 수준은 향상되지만 자유도의 손실이 일어날 수 있으며 반대로 자유화한 경로를 고정화하면 간명성이 높아져 자유도는 향상되지만 적합도의 손실을 감수해야하므로 상충관계를 고려하여 수행하여야 한다. 고정화된 경로를 자유화하기 위해서는 수정지수(modification index)의 수치가 10이상인 경우에 변경하는 것이 보편적이다. 반대로 자유화된 경로를 고정화하는 경우에는 t통계량이 95% 유의수준에서 유의하지 않은 경우에 주로 0으로 고정화하게 될 것이므로 1.96보다 낮은 수준일때 고정화한다.

```
Modification Indices and Expected Change

        Modification Indices for LAMBDA-Y

                     Q9          V9
                --------    --------
    MATH9          - -        8.05
     SCI9          - -         - -
      SS9          - -         - -
    READ9         3.56         - -
   SCATV9         3.56         - -
   SCATQ9          - -        8.05

        Expected Change for LAMBDA-Y

                     Q9          V9
                --------    --------
    MATH9          - -        0.26
     SCI9          - -         - -
      SS9          - -         - -
    READ9         0.15         - -
   SCATV9        -0.17         - -
   SCATQ9          - -       -0.24
```

13장. 보고서 사례 1

13장. 보고서 사례 1

1. 개 요

논문제목: HRM 관련 품질경영요소의 품질성과에 대한 영향력 연구

연구배경 및 목적: 상대적으로 낮은 추진동인과 프로그램 성공률을 보이는 소기업을 연구 대상으로 종업원들의 기업에 대한 낮은 충성도가 품질경영 실행성과 미실현의 근본적 원인이 될 수 있는가에 대한 의문점에서 시작한다. 충성도가 높아지는 경우 품질경영 활동이 긍정적 성과실현으로 이어질 수 있을 것인가에 대하여 검정할 것이다.

2. 연구모형 및 표본설계

연구모형에서는 기존 품질경영 관련 연구에서 제기된 중요성공요소들 중에서 인적자원관리와 관련된 요소들을 구조적 관리요인과 심리적 관리요인을 포괄하여 외생이론변수로 구축하였다. 또한 내부마케팅의 기본구조라 할 수 있는 만족, 충성도, 성과간의 관계를 내생이론 변수군으로 구조화하였으며, 본 연구의 목적이라 할 수 있는 기업규모별로 이론변수들 간의 관계성 차이를 파악하고자 하였다.

[연구모형]

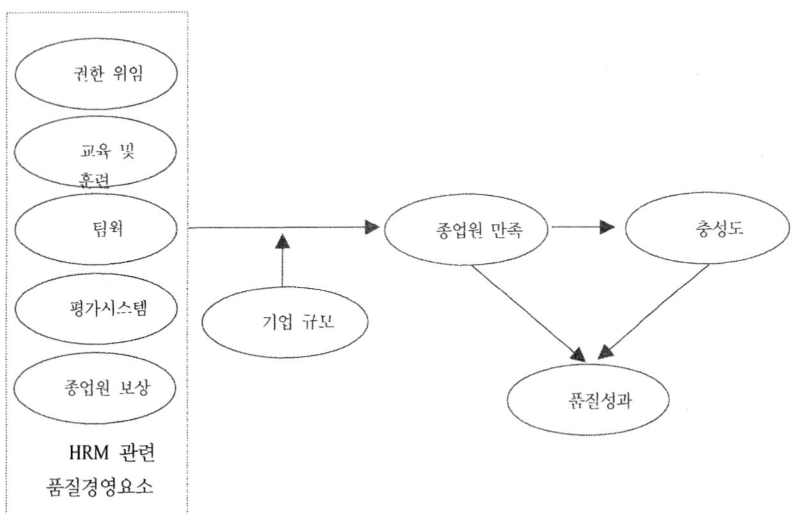

<가설 1> 인적자원요소는 종업원 만족에 대해 유의한 영향력을 미칠 것이다.
<가설 2> 인적자원요소의 종업원 만족에 대한 유의성은 기업규모에 따라 상이할 것이다.
<가설 3> 종업원 만족은 종업원 충성도에 영향을 미칠 것이다.
<가설 4> 종업원 충성도는 품질성과에 영향을 미칠 것이다.
<가설 5> 종업원 만족은 품질성과에 영향을 미칠 것이다.

품질경영 활동을 수행중인 중견기업과의 분별력을 극대화하기 위하여 지방 소기업과의 비교연구를 수행하였다. 중견기업과 소기업을 대상으로 동일하게 구조화된 조사표를 바탕으로 자료를 수집하였으며, 방문 조사 작업을 실행하였다. 총 250개 기업을 대상으로 하였으며 결과 보완을 위하여 웹조사를 병행하여 실시하였다. 심각한 결측치와 자료의 신뢰성에 의심이 가는 응답을 제외한 169개 기업을 대상으로 실증분석 하였으며 분석 프로그램은 SPSS 14.0과 Lisrel 8.5를 활용하였다.

3. 분석결과

(1) 신뢰성 분석

대부분의 측정항목들이 탐색적으로 개발되어 엄격한 문항 타당화과정을 수행하였다. 우선 각 문항의 신뢰성을 파악하기 위해 CFA를 실시하였다. Cronbach α와 함께 α지수의 한계점을 극복하기 위해 활용되고 있는 p_n에 대하여 측정오차에 의한 분산의 크기와 관련된 구성개념에 의해 파악된 분산의 크기를 측정할 수 있는 AVE를 함께 측정하였다.

[구성개념별 신뢰도 수준 및 경로계수]

구성개념	항 목	제거후 α	α	AVE	경로계수
권한위임	1. 성공적 작업수행을 위한 능력제공	.810	.886	.722	0.85* (24.66)
	2. 더 나은 제품생산 방법을 개발하도록 동기부여	.851			0.86* (24.40)
	3. 제안활동을 위한 충분한 수준의 정보제공	.854			0.84* (24.06)
교육 및 훈련	1. 효과적 업무수행을 위한 충분한 수준의 사내교육	.839	.873	.637	0.82* (26.54)
	2. 품질향상 기법과 기술을 교육	.818			0.83* (26.48)
	3. 사내 교육의 품질활동과의 연계성	.847			0.78* (25.92)
	4. 품질향상 팀 활동과 관련된 교육 실시	.846			0.76* (25.33)
팀웍	1. 사내에서의 보편적 팀 활동 수준	.832	.878	.711	0.83* (23.39)
	2. 팀 활동의 장기적 수행 수준	.839			0.83* (23.08)
	3. 품질향상을 위한 팀 활동의 효과적 수행 수준	.812			0.87* (23.44)

구성개념	항 목	제거후 α	α	AVE	경로계수
평가 시스템	1. 직무성과에서의 품질관련 자료의 중요성	.831	.870	.633	0.83* (27.09)
	2. 직무성과에 대한 주기적 피드백	.818			0.81* (26.51)
	3. 팀 활동 성과평가가 직무평가에의 바탕	.846			0.78* (26.02)
	4. 제품에 대한 고객평가가 직무평가에의 바탕	.843			0.76* (25.66)
종업원 보상	1. 전반적 보상수준	.859	.892	.621	0.80* (28.37)
	2. 타기업 유사업무에 비해 높은 수준의 보상	.863			0.78* (27.48)
	3. 자율적 품질향상 실행을 위한 충분한 수준 보상	.859			0.77* (27.19)
	4. 추가적 품질 활동에 대한 높은 보상 실시	.894			0.78* (27.95)
	5. 타기업에 비해 높은 수준의 비금전적 보상	.865			0.81* (28.37)
종업원 만족	1. 구직 대상자들에 대한 추천 의도	.898	.910	.681	0.80
	2. 개인적 회사생황에의 만족	.876			0.83* (18.81)
	3. 현 기업에 대한 근속의 자긍심	.868			0.83* (19.01)
	4. 현기업의 개인적 제반여건에서의 최선의 선택	.892			0.84* (18.85)
종업원 충성도	1. 공식적 요구수준 이상의 노력을 기울일 준비수준	.882	.902	.706	0.86
	2. 최선의 경력을 이 회사에서 구축	.864			0.83* (19.80)
	3. 이 기업에 대한 악평에 대해 적극적 해명 태도	.878			0.80* (19.49)
	4. 전반적 충성도 수준	.870			0.85* (20.02)
품질성과	1. 제품의 불량율	.857	.892	.682	0.81
	2. 제품에 대한 전반적 클레임 수준	.840			0.90* (7.40)
	3. 전반적 재작업 수준	.834			0.93* (7.33)
	4, 보증비용 수준	.903			0.63* (6.77)

*: $p<0.05$

AVE 수준이 모든 이론변수에서 0.5를 상회하고 있으나 크론바하 α 수준도 탐색적 연구의 한계치를 상회하고 있는 것으로 파악되었다. 일부 항목들의 경우에 제거후 크론바하 α수준이 전체 α수준에 비하여 높게 나타나고 있으나, 그 차이가 미약한 수준이며 연구 모형에 대한 필요성을 고려하여 제거하지 않고 실증분석을 실시하였다.

(2) 집중 및 판별 타당성

집중타당성은 각 측정항목이 공통 개념에 관계된 다른 측정항목과의 관련성을 의미한다. 통계 검정력을 높이기 위하여, Jöreskog과 Sörbom(1989)이 제시한 방법을 활용하여 각 측정모델별 평가과정을 수행하였다. 내용 타당성에 위배되지 않는다면 요인적재량이 낮아 통계적으로 유의하지 않은 항목은 제거하는 기준을 사용하였다. 제안모형 전체와 각 이론변수별 모형에서 요인적재량이 통계적으로 유의하지 않은 경로는 발견되지 않았으며 각 모형에서의 모형 적합도 역시 양호한 수준으로 나타나 집중 타당성은 확보된 것으로 결론 내린다.

각 개념에 독자적으로 분석되므로 판별타당성은 일련의 쌍별 비교를 통하여 두 개 이론변수가 속한 부분 모형의 χ^2 차이를 통하여 분석한다. 모든 이론변수 쌍에서 제약모형과 비제약모형의 χ^2의 차이가 통계적으로 유의하다면 측정변수간의 관계성을 기각할 수 있는 상이한 이론변수임을 지지한다.

[판별 타당성 분석]

쌍별 비교	제약 모형	비제약 모형	쌍별 비교	제약모형	비제약 모형
권한위임 -			팀웍-		
교육 및 훈련	63.16(14)	35.68(13)	평가시스템	62.57(14)	12.37(13)
팀웍	131.77(9)	13.03(8)	종업원보상	183.27(20)	22.17(19)
평가시스템	68.18(14)	18.61(13)	종업원만족	241.77(14)	19.13(13)
종업원보상	206.65(20)	19.08(19)	충성도	230.35(14)	30.38(13)
종업원만족	134.88(14)	17.91(13)	품질성과	156.95(14)	19.06(13)
충성도	118.81(14)	16.81(13)	평가시스템-		
품질성과	134.44(14)	19.97(13)	종업원보상	167.12(27)	24.17(26)
			종업원만족	160.48(20)	17.95(19)
			충성도	161.74(20)	13.57(19)
			품질성과	118.10(20)	31.05(19)
교육 및 훈련 -			종업원보상-		
팀웍	94.80(14)	32.70(13)	종업원만족	152.04(27)	59.18(26)
평가시스템	65.85(20)	29.26(19)	충성도	305.20(27)	57.50(26)
종업원보상	223.72(27)	59.86(26)	품질성과	345.62(27)	52.37(26)
종업원만족	203.82(20)	44.10(19)	종업원 만족-		
충성도	200.49(20)	49.76(19)	충성도	110.91(20)	27.97(19)
품질성과	152.51(20)	44.52(19)	품질성과	221.09(20)	15.21(19)
			충성도-		
			품질성과	148.76(20)	27.57(19)

모든 이론변수의 쌍에서 제약모형과 비제약모형간의 유의한 수준의 χ^2 차이가 나타나고 있어 인과관계 및 조절효과 파악을 위한 판별 타당성은 확보되었다.

(3) 연구가설 검정, 모형의 개선 및 대안모형 비교

전체 모형의 적합도가 적절한 것으로 파악되었고, 모형의 간명성에 있어 최저 기준인 χ^2 / df가 3.0보다 낮은 수준을 보이고 있어 간명모델로 평가하는데 큰 무리가 없는 것으로 파악되었다(Carmines와 Mclver, 1981).

[제안모형에 대한 경로]

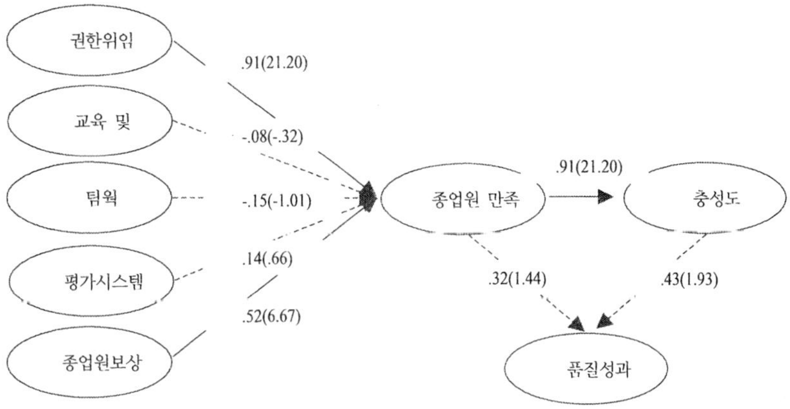

χ^2:553.89(df:416), NFI: 0.99, GFI: 0.99, AGFI: 0.99

또한 문항 타당화 과정을 충실히 거친 측정문항을 활용하고 있다는 점에서 경로에 대한 통계적 유의성 검정은 무리가 없는 것으로 판단된다. 인적자원관리와 관련된 품질경영 요소들 중에서 권한의 위임과 종업원에 대한 보상 외에는 종업원 만족에 긍정적 영향을 미치는 요소는 없는 것으로 파악된다. 이러한 권한위임과 종업원 보상의 공통점은 단기적이며 가시적 결과치의 성격이 높다고 보아야 할 것인데, 상대적으로 교육훈련과 팀웍 활동, 평가시스템은 오히려 종업원들의 입장에서 새로운 경영 프로그램의 실행에 따른 업무과중으로 인식되는 것으로 판단된다. 특히 주목되는 것은 내생이론변수의 간접효과인데, 종업원만족의 품질성과에 대한 직접효과의 비유의성(t값: 1.44)에도 불구하고 전체효과는 유의적(t값: 2.73)인 것으로 나타나고 있어 종업원 충성도가 이들 변수들의 관계에 완전 매개변수 역할을 하는 것으로 나타났다.

제안모형에 대한 결과를 바탕으로, 이론변수간의 관계성 정도를 표준화 경로계수로 검정한 이후, 이론적인 측면뿐만 아니라 통계적 측면에서 수정 가능한 경로계수가 있을 것으로 기대되었다. 따라서 대안모델을 제시하고 순차적 개선과정을 통하여 비교과정을 수행하였다. 단계별 수정과정을 모형화 하였으며 이들에 대한 통계적 검증을 수행하였다. 모형 개선을 위하여 χ^2 통계치의 비교가 가능한 모든 둥지모형들을 대안모형으로 선정하여 최선 모형을 탐색하였다.

[대안모형의 설정]

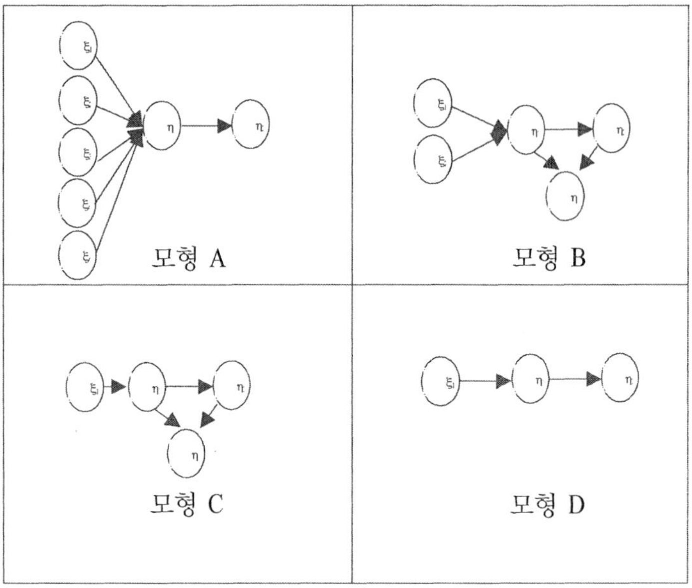

모형 A: η1 − 종업원 만족 + 충성도, η2 − 품질성과

모형 B: ξ1 − 권한위임 + 종업원보상, ξ2 − 교육 및 훈련 + 팀웍 + 평가시스템

모형 C: ξ1 − 권한위임 + 교육 및 훈련 + 팀웍 + 평가시스템 + 종업원보상

모형 D: ξ1 − 권한위임 + 교육 및 훈련 + 팀웍 + 평가시스템 + 종업원보상, η1 − 종업원 만족 + 충성도, η2 − 품질성과

모형 A에서는 내생이론변수에 해당하는 종업원만족과 충성도를 하나의 이론변수화하여 품질성과에 대한 원인변수로 구성하였다. 이러한 변수들의 구성은 제안모형에서 인관관계의 수준이 높은 변수로 제시되었기 때문이다. 결과적으로 0.08의 경로수준(t값: 5.19)을 보이고 있어 제안모형에서의 종업원만족이 품질성과에 대한 간접효과의 유의성을 반영하는 것으로 나타나고 있다. 그러나 전체적으로 모형의 간명성이 제안모형의 χ^2/df에 비하여 높은 것으로 나타나고 있어 최선의 모형이라고 보기에는 한계를 가진다.

모형 B에서는 종업원만족에 유의한 영향력을 미치는 품질경영 요소인 권한위임과 종업원보상을 독립된 외생 이론변수화 하여 통계적 적합수준이 높은 모형으로 구성한 모형이다. 특히 모형 B의 경우에 최초 제안모형에서의 유의한 경로계수를 보인 권한위임과 종업원보상을 합성변수화한 이론변수로 부터의 종업원만족에 대한 경로가 유의하고(t값: 5.98), 제안모형에서 유의하지 않은 모형의 유의성은 기각(t값: 0.87)되어 결과적으로 동일한 경로 방향성을 보이고 있으나 모형의 간명성이 낮아 모형의 최적성에서는 한계를 보이고 있음이 제기된다.

[대안모형에 대한 평가]

구조모형	χ^2	df	χ^2 / df	AGFI	RMR	NNFI	CFI
제안모형	**553.89**	**416**	**1.33**	**0.99**	**0.050**	**0.99**	**0.99**
모형 A	663.64	418	1.58	0.99	0.052	0.99	0.99
모형 B	870.29	428	2.03	0.98	0.060	0.99	0.99
모형 C	984.42	430	2.29	0.98	0.064	0.99	0.98
모형 D	1079.21	432	2.50	0.98	0.065	0.99	0.98

모형 C에서는 모든 인적자원관리 관련 품질경영요소를 하나의 외생 이론변수로 구성하여 구축한 대안모형으로 통계적으로는 최초 제안모형에서 제시된 각 외생 이론변수들 간의 판별 타당성을 무시한 경우로써, 유의하지 않았던 경로까지 포함한 경우이다. 이모형에서는 상대적으로 낮은 간명성이 나타나고 있으며 모형 적합도 수준에서 제안모형에 비해 한계를 가진다.

마지막으로 모형 D는 가장 간단한 모형으로써 모든 외생 이론변수를 하나의 이론변수로 구성하고 종업원만족과 충성도를 단일의 이론변수로 구성한 경우이다. 모형 C와 유사하게 높은 수준의 χ^2 / df가 나타나고 있어 최선이라고 보기에는 한계를 가진다. 이러한 대안모형들에 비교과정을 통하여 최초 제시된 제안모형이 가장 간명성에서 우월한 것으로 파악되었고, RMR 지수와 다양한 적합지수에서 상대적 우월성을 보이고 있어 인적자원관리 관련 품질경영요소의 종업원 만족및 품질성과에 대한 모형에서는 최선이라고 보아야 할 것이다.

(4) 기업규모에 따른 조절효과 분석

이상에서 분석한 제안모형에 대한 우월성을 바탕으로 169개 응답 기업 중에서 대기업과 중견기업, 중기업을 통합하여 중견기업으로 분류된 89개 기업과 소기업으로 분류한 80개 기업을 대상으로 기업규모에 따른 전체 모형에서의 조절효과를 파악하였다. 응답 표본이 지방에 소재한 기업들이므로 대기업과 중견기업, 중기업간의 차이를 세밀하게 분류하는 것은 한계가 있으며 생산거점만으로 운영되는 기업들이 있어 포괄적인 분류를 실시하였다. 아울러 중견기업과 소기업의 분류를 통한 조절효과 파악은 중기업과 소기업간의 뚜렷한 품질경영 수준차이가 실증적으로 분석된 점을 반영한 것이다.

[기업규모의 품질경영요소 영향력에 대한 조절효과]

조절효과 경로	동일화 모형	비동일화 모형	χ^2 차이
권한위임 → 종업원 만족	6225.14(df:837)	6224.77(df:836)	0.37(df:1)
교육 및 훈련 → 종업원 만족	6224.77(df:837)	6224.77(df:836)	0.00(df:1)
팀웍 → 종업원 만족	6225.15(df:837)	6224.77(df:836)	0.38(df:1)
평가시스템 → 종업원 만족	6224.77(df:837)	6224.77(df:836)	0.00(df:1)
종업원보상 → 종업원만족	6224.77(df:837)	6224.77(df:836)	0.00(df:1)

조절효과를 파악하기 위하여 Jaccard와 Wan(1996)이 활용한 절차를 바탕으로 수행하였으며 각 하위그룹별 적합도 분석을 제외한 각 경로에 대한 그룹별 분석을 실시한다. 기업규모에 따라서 인적자원 관련 품질경영요소의 종업원 만족에 대한 조절효과를 파악한 결과, 모든 경로에서 조절효과를 찾을 수 없었다. 이러한 결과는 기업 규모를 막론하고 인적자원관리와 관련된 품질경영요소들이 동일한 방향성으로 영향력을 보인다는 것을 의미하고 있다. 특히 유의한 영향력을 가설검정에서 파악할 수 있었던 권한위임과 종업원보상의 종업원만족에 대한 영향력에의 기업규모와의 무관성을 제기할 수 있다.

14장. 보고서 사례 2

14장. 보고서 사례 2

1. 개　요

논문제목: 서비스 회복성과에 영향을 미치는 조직내 원인변수 연구

연구배경 및 목적: 고객과 함께 성공적인 서비스의 공동생산자로서 참여하고 있는 서비스 제공자들을 대상으로 서비스 회복성과에 영향을 미칠 수 있는 다양한 조직적 요인들의 영향력을 파악하고자 한다.

2. 연구모형 및 표본설계

연구 모형은 기존연구와 Boshoff와 Allen(2000), Babakus 등(2003)이 제시한 연구모형을 토대로 설정되었다. Babakus 등(2003)은 조직몰입과 직무만족에 대한 훈련, 권한 위임, 보상의 긍정적 효과를 주장하였으며 Boshoff는 서비스 회복성과에 대한 조직요인들의 영향력을 실증분석 하였다. 다만 기존 연구와는 달리 직무만족을 서비스 회복성과의 원인변수로 보고 있어 본 연구에서는 서비스 회복성과의 결과변수로서 직무만족을 산정하여 조직요인에서 직무만족을 배제하였다.

[연구 모형]

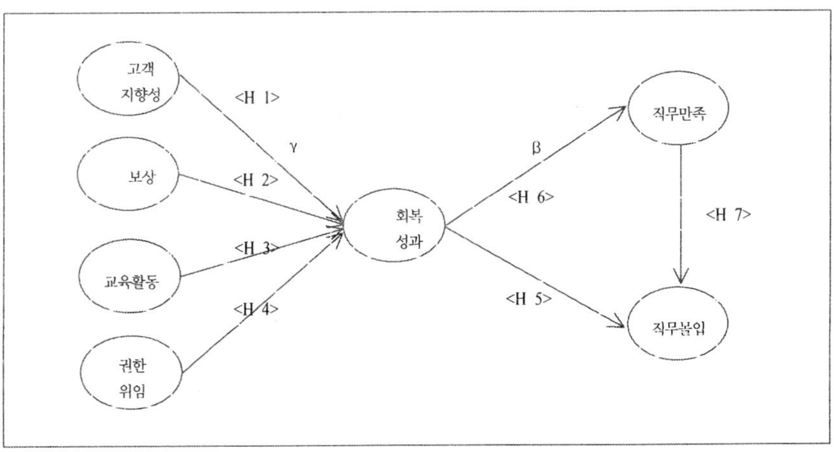

<가설 1> 고객지향성은 서비스제공자의 서비스 회복성과에 긍정적인(+) 영향을 미칠 것이다.

<가설 2> 체계적이며 공정한 보상 시스템 운영은 서비스제공자의 서비스 회복성과에 긍정적인(+) 영향을 미칠 것이다.

<가설 3> 효율적인 교육시스템의 운영은 서비스제공자의 서비스 회복성과에 긍정적인(+) 영향을 미칠 것이다.

<가설 4> 권한위임은 서비스 제공자의 서비스회복성과에 긍정적인(+) 영향을 미칠 것이다.

<가설 5> 서비스 회복성과는 서비스 제공자들의 직무몰입에 긍정적인(+) 영향을 미칠 것이다.

<가설 6> 서비스 회복성과는 서비스 제공자들의 직무만족에 긍정적인(+) 영향을 미칠 것이다.

<가설 7> 서비스 제공자의 직무만족은 직무몰입에 긍정적인(+) 영향을 미칠 것이다.

특1급 호텔 5개소에서 근무하는 호텔서비스제공자 중에서 편의표본 추출방법을 이용하여 응답을 받았다. 응답결과에 대한 신뢰성을 높이기 위해, 3차에 걸친 사전조사를 실시하여 최종적으로 완성된 설문지만을 분석에 이용하였다. 총 9개의 서울지역 특1급 호텔을 대상으로 2주간에 걸쳐 배포 및 수거하였다. 총 300부의 설문지를 배포하여 최종 수거된 273부에서 사용가능한 설문지는 270부였다.

3. 분석결과

(1) 단일차원성 검토

본 연구에서 수집된 자료는 Nunnally(1978)가 제시한 측정 타당화(Measurement validation) 과정을 바탕으로 단일차원성과 신뢰성, 개념 타당성을 검토하였다. 단일 차원성은 측정변수들이 하나의 공통요인으로 묶이는가를 확인하는 과정이다. 본 연구에서는 Lisrel 프로그램을 통하여 단일차원성을 파악하였으며 각 변수의 적재치를 기준으로 단일차원성을 파악하였다.

[단일차원성 결과]

구성개념	문 항	경로계수	구성개념	문 항	경로계수
고객 지향성 CUSTOMER SERVICE ORIENTATION	CSONT 1	.73*	직무몰입 COMMITMENT	OCOM 33	.72*
	CSONT 2	.78*			
	CSONT 3	.84*		OCOM 34	.81*
	CSONT 4	.85*			
	CSONT 5	.87*		OCOM 35	.67*
	CSONT 6	.80*		OCOM 36	.78*
	CSONT 7	.84*			
	CSONT 8	.55*		OCOM 37	.80*
	CSONT 9	.47*			

구성개념	문 항	경로계수
보상 REWARDING	REWARD 10	.83*
	REWARD 11	.78*
	REWARD 12	.88*
	REWARD 13	.81*
	REWARD 14	.84*
교육프로그램 CUSTOMER SERVICE TRAINING	TRAIN 15	.83*
	TRAIN 16	.85*
	TRAIN 17	.87*
	TRAIN 18	.88*
	TRAIN 19	.88*
	TRAIN 20	.83*

구성개념	문 항	경로계수
직무 만족 SATISFACTION	JSAT 41	.86*
	JSAT 42	.87*
	JSAT 43	.75*
	JSAT 44	.89*
서비스 회복성과 SERVICE RECOVERY PERFORMANCE	SRPERF 49	.74*
	SRPERF 50	.85*
	SRPERF 51	.86*
	SRPERF 52	.73*
	SRPERF 53	.65*
권한위임 EMPOWERMENT	EMPOW 24	.78*
	EMPOW 25	.75*
	EMPOW 26	.85*
	EMPOW 27	.70*
	EMPOW 28	.86*

* $p<0.01$

통상 경로계수가 0.4이상으로 나타나는 경우에 구성개념 측정을 위한 단일차원성이 확보된 것으로 보고 있어 모든 측정항목들의 단일 차원성은 확보된 것으로 결론 내릴 수 있다.

(2) 신뢰성 분석

단일차원성 확보절차를 통해 제거되지 않은 항목들에 대해서 신뢰성을 파악하게 된다. 신뢰성 파악을 위하여 내적 일관성 지수인 Cronbach's Alpha를 활용하였다. Nunnally에 의하면 0.7 이상이면 신뢰성 있는 것으로 판단되고 탐색적 연구의 경우에는 0.5 이상을 기준치로 활용될 것이 권고되고 있다.

[신뢰성 검증(Cronbach α) 결과]

구성개념	문항	제거 후 Cronbach알파	Cronbach 알파
고객 지향성	V1	.910	.918
	V2	.740	
	V3	.786	
	V4	.795	
	V5	.825	
	V6	.766	
	V7	.798	
	V8	.555	
	V9	.471	
보 상	V10	.895	.916
	V11	.907	
	V12	.888	
	V13	.900	
	V14	.894	
교육 프로그램	V15	.935	.943
	V16	.933	
	V17	.931	
	V18	.931	
	V19	.930	
	V20	.936	

구성개념	문항	제거 후 Cronbach 알파	Cronbach 알파
조직몰입 (소속감)	V33	.851	.871
	V34	.832	
	V35	.860	
	V36	.839	
	V37	.837	
직장 만족도	V41	.874	.907
	V42	.873	
	V43	.909	
	V44	.863	
서비스 회복성과	V49	.693	.875
	V50	.777	
	V51	.784	
	V52	.677	
	V53	.610	
권한위임	V24	.868	.891
	V25	.873	
	V26	.855	
	V27	.885	
	V28	.852	

신뢰성 검증결과 모든 구성개념들이 Nunnally가 제시한 기준인 0.7을 상회하고 있어 제거대상 측정항목은 발견되지 않았다. 이는 각 측정항목들에 대하여 응답자의 응답이 내적 일관성을 확보하고 있음을 의미하는 것이며, 이들 항목을 최종 분석에서 활용할 수 있는 근거를 가지게 된다.

(3) 타당성 검증

본 연구에서의 타당성 검증은 내용 타당성과 개념 타당성 검토를 실시하였다. 측정문항을 측정하고자 하는 속성이나 개념을 적절하게 측정할 수 있도록 추출하고, 내용 타당성을 유지하기 위해 기존연구의 설문항목을 토대로 본 연구에 적합하도록 마케팅 전공교수와 관광경영학 전공교수들을 대상으로 심층면접을 통해 수정하였으며 학부 대학생들을 대상으로 사전조사를 통하여 문구의 조정 작업을 수행하였다.

한편 개념타당성을 파악하기 위하여 정보의 손실을 최대한 줄이며 많은 변수들을 가능한 적은 수의 요인으로 줄이며 또한 이론적 타당성 개념 수준을 가장 적절하게 제시하는데 효과적인 확정적 요인분석을 실시하였으며, 요인들 간의 상호독립성을 확보하기 위하여 전체 이론변수들 간의 분산/공분산 행렬을 0으로 고정지수화 하여 실시하였다.

분석결과 전체 모형의 적합도는 χ^2=2158.04(df:583)로 유의한 것으로 나타나 모형의 적합성이 떨어지는 것으로 볼 수 있으나 χ^2 통계량이 가지는 다변량 정규성 및 표본 수에의 민감성을 고려하여 추가 적합도로 모형 적합수준을 평가하였다. 전체적으로 기초부합치 GFI는 0.98, 표준부합치 NFI는 0.98, 원소 간 평균차이인 RMR은 0.053을 보이고 있으며 개별 경로계수들도 모두 유의한 것으로 파악되어 어 집중타당성이 확보된 것으로 볼 수 있다.

(4) 가설검증결과

본 연구에서는 제시된 연구모형의 현실 적합도를 파악하였으며, 개선 모형을 도출하기 위한 목적이 배제되어 수정모형을 제시하지는 않았다. 따라서 추가 및 수정지수를 통한 변환 과정은 실행하지 않고 모형의 타당성만을 검토하였다.

조직적 요인이라고 할 수 있는 고객지향성, 보상시스템, 교육시스템 그리고 권한위임 수준은 모두 서비스 제공자의 서비스 회복성과에 긍정적인 영향을 미치는 것으로 파악되어 <가설 1>에서 <가설 4>는 모두 기각되지 않았다. 고객지향성에 대해서는 고객서비스 지향성이 높을수록 서비스 제공자들의 서비스회복성과도 높다는 Boshoff와 Allen(2000), Babakus 등 (2003)과 유사한 결과이며, 보상시스템에 대해서는 양질의 서비스를 제공 및 효율적인 불평처리에 대한 보상은 서비스 제공자들의 서비스 회복성과도 높다는 Boshoff와 Allen(2000)의 연구와 일치한다.

교육 시스템에 대해서는 호텔에서 서비스제공자의 서비스를 개선하기 위한 첩경은 교육훈련에 있으며, 서비스의 개선은 고객의 증대로 직결되어 기업경영에 지대한 영향을 미치게 된다는 신혜숙(2000)의 연구와 일치하는 것이다. 마찬가지로 권한위임의 필요성을 제기하며 고객을 만족시키기 위하여 즉각적인 의사결정을 할 수 있는 유연성의 필요성을 제기한 Hartline과 Ferrell(1996)의 연구와 일치한다.

결론적으로 서비스 기업의 시스템 구조가 직접적으로 서비스 회복성과에 영향을 미친다고 볼 수 있다. 다만 조직적 구조가 서비스 제공자의 직무태도라고 할 수 있는 직무만족과 직무몰입에 대한 영향력은 다양하게 나타나고 있다. 우선 고객지향성은 직접적으로 직무만족에 영향을 미치지 않는 것으로 나타났으며, 권한위임도 직접적으로 직무만족에 긍정적인 영향을 미치지 않는 것으로 나타났다. 다음으로 교육시스템은 직접적으로 직무몰입에 영향을 미치지 않는 것으로 나타났다. 이러한 직접효과의 유의하지 않은 결과는 조직적 구조요소가 직무태도에 미치는 영향력은 간접효과로 나타날 수 있음을 의미하고 있어 간접효과를 파악하였다.

조직적 구조요소 중에서 고객지향성의 직무몰입에 대한 간접효과는 0.05(4.45)는 유의한 것으로 나타나, 서비스 제공자들의 서비스 회복성과를 통한 심리적 효과를 바탕으로 직무만족이 형성된다고 볼 수 있다. 마찬지로 권한위임도 시스템 자체가 아니라 서비스 회복성과가 이루어진 다음에 직무만족이 형성되는 것으로 파악되었다. 교육 시스템에서도 시스템 구축보다는 교육을 통해 서비스 회복활동이 원활히 수행된다면 직무몰입을 예상할 수 있는 것으로 나타났다.

[전체 경로모형]

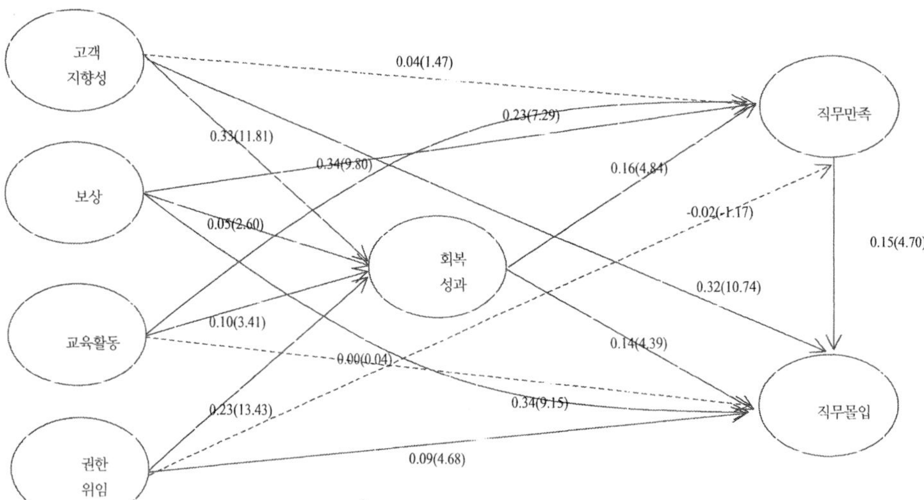

χ^2:2458.04(df:583), GFI:0.98, NFI:0.98

[조직적 구조요소와 성과간의 간접효과]

	고객 지향성	보상시스템	교육시스템	권한위임	서비스 회복성과	직무만족	직무몰입
서비스 회복성과(η1)	-	-	-	-	-	-	-
직무만족(η2)	0.05(4.45)	0.01(2.30)	0.02(2.78)	0.04(4.54)	-	-	-
직무몰입(η3)	0.06(4.99)	0.06(4.54)	0.05(4.87)	0.04(4.21)	0.02(3.38)	-	-

다음으로 서비스 회복성과와 조직 태도에 대한 가설에 대하여, 우선 서비스 회복성과는 직무만족과 직무몰입에 대하여 모두 긍정적인 영향력을 미치고 있으며 직무만족도 직무몰입에 대하여 긍정적인 영향을 미치는 것으로 파악되었다. 따라서 <가설 5>에서 <가설 7>까지는 기각되지 않았다. 이러한 연구결과는 조직몰입과 서비스 회복성과간의 관계성을 지적한 Boshoff와 Allen(2000) 연구와 일치하는 결과이다.

[가설검증결과]

가설	경로	경로계수	표준오차	t 값	채택 여부
H1	고객지향성 → 서비스회복성과	0.33	0.03	11.81	○
H2	보상 → 서비스회복성과	0.05	0.02	2.60	○
H3	교육 → 서비스회복성과	0.10	0.03	3.41	○
H4	권한위임 → 서비스회복성과	0.23	0.02	13.43	○
H5	서비스 회복성과 → 직무몰입	0.14	0.03	4.84	○
H6	서비스회복성과 → 직무만족	0.16	0.03	4.39	○
H7	직무만족 → 직무몰입	0.15	0.03	4.70	○

참고문헌

이영준(1995), *SPSS / PC를 이용한 다변량 분석*, 도서출판 석정.

이종성 · 강계남 · 김양분 · 강상진 · 이은실(2002), *사회과학연구를 위한 통계방법*, 법문사.

장지인 · 박상규 · 이경주(1996), *SAS / PC를 이용한 통계자료분석*, 법문사.

Jaccard, J. and C. K. Wan (1996), Lisrel Approach to Interaction in Multiple Regression, Thousand Oaks, Sage, California.

Jöreskog, K. G. and D. Sörbom (1989), Lisrel 7: A Guide yo the Program and Applications, Chicago, SPSS Publications.

[표 A-1] 표준정규분포표

$$P\{Z \geq z\} = \int_{z}^{\infty} \frac{1}{\sqrt{2\pi}} e^{-\frac{1}{2}x^2} dx$$

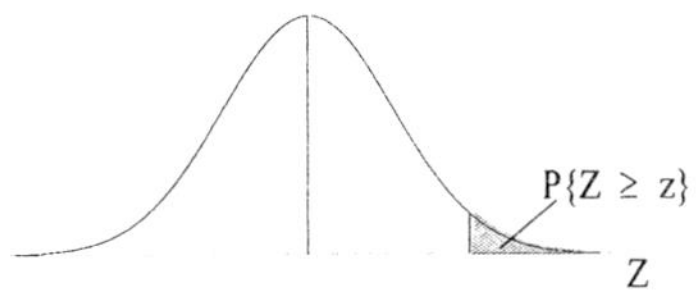

z	0.00	0.01	0.02	0.03	0.04	0.05	0.06	0.07	0.08	0.09
0.0	0.5000	0.4960	0.4920	0.4880	0.4840	0.4801	0.4761	0.4721	0.4681	0.4641
0.1	0.4602	0.4562	0.4522	0.4483	0.4443	0.4404	0.4364	0.4325	0.4286	0.4247
0.2	0.4207	0.4168	0.4129	0.4090	0.4052	0.4013	0.3974	0.3936	0.3897	0.3859
0.3	0.3821	0.3783	0.3745	0.3707	0.3669	0.3632	0.3594	0.3557	0.3520	0.3483
0.4	0.3446	0.3409	0.3372	0.3336	0.3300	0.3264	0.3228	0.3192	0.3156	0.3121
0.5	0.3085	0.3050	0.3015	0.2981	0.2946	0.2912	0.2877	0.2843	0.2810	0.2776
0.6	0.2743	0.2709	0.2676	0.2643	0.2611	0.2578	0.2546	0.2514	0.2483	0.2451
0.7	0.2420	0.2389	0.2358	0.2327	0.2296	0.2266	0.2236	0.2206	0.2177	0.2148
0.8	0.2119	0.2090	0.2061	0.2033	0.2005	0.1977	0.1949	0.1922	0.1894	0.1867
0.9	0.1841	0.1814	0.1788	0.1762	0.1736	0.1711	0.1685	0.1660	0.1635	0.1611
1.0	0.1587	0.1562	0.1539	0.1515	0.1492	0.1469	0.1446	0.1423	0.1401	0.1379
1.1	0.1357	0.1335	0.1314	0.1292	0.1271	0.1251	0.1230	0.1210	0.1190	0.1170
1.2	0.1151	0.1131	0.1112	0.1093	0.1075	0.1056	0.1038	0.1020	0.1003	0.0985
1.3	0.0986	0.0951	0.0934	0.0918	0.0901	0.0885	0.0869	0.0853	0.0838	0.0823
1.4	0.0808	0.0793	0.0778	0.0764	0.0749	0.0735	0.0721	0.0708	0.0694	0.0681
1.5	0.0668	0.0655	0.0643	0.0630	0.0618	0.0606	0.0594	0.0582	0.0571	0.0559
1.6	0.0548	0.0537	0.0526	0.0516	0.0505	0.0495	0.0485	0.0475	0.0465	0.0455
1.7	0.0446	0.0436	0.0427	0.0418	0.0409	0.0401	0.0392	0.0384	0.0375	0.0367
1.8	0.0359	0.0351	0.0344	0.0336	0.0329	0.0322	0.0314	0.0307	0.0301	0.0294
1.9	0.0287	0.0281	0.0274	0.0268	0.0262	0.0256	0.0250	0.0244	0.0239	0.0233
2.0	0.0228	0.0222	0.0217	0.0212	0.0207	0.0202	0.0197	0.0192	0.0188	0.0183
2.1	0.0179	0.0174	0.0170	0.0166	0.0162	0.0158	0.0154	0.0150	0.0146	0.0143
2.2	0.0139	0.0136	0.0132	0.0129	0.0125	0.0122	0.0119	0.0116	0.0113	0.0110
2.3	0.0107	0.0104	0.0102	0.0099	0.0096	0.0094	0.0091	0.0089	0.0087	0.0084
2.4	0.0082	0.0080	0.0078	0.0075	0.0073	0.0071	0.0069	0.0068	0.0066	0.0064
2.5	0.0062	0.0060	0.0059	0.0057	0.0055	0.0054	0.0052	0.0051	0.0049	0.0048
2.6	0.0047	0.0045	0.0044	0.0043	0.0041	0.0040	0.0039	0.0038	0.0037	0.0036
2.7	0.0035	0.0034	0.0033	0.0032	0.0031	0.0030	0.0029	0.0028	0.0027	0.0026
2.8	0.0026	0.0025	0.0024	0.0023	0.0023	0.0022	0.0021	0.0021	0.0020	0.0019
2.9	0.0019	0.0018	0.0018	0.0017	0.0016	0.0016	0.0015	0.0015	0.0014	0.0014
3.0	0.0013	0.0013	0.0013	0.0012	0.0012	0.0011	0.0011	0.0011	0.0010	0.0010
3.1	0.0010	0.0009	0.0009	0.0009	0.0008	0.0008	0.0008	0.0008	0.0007	0.0007
3.2	0.0007	0.0007	0.0006	0.0006	0.0006	0.0006	0.0006	0.0005	0.0005	0.0005
3.3	0.0005	0.0005	0.0005	0.0004	0.0004	0.0004	0.0004	0.0004	0.0004	0.0003
3.4	0.0003	0.0003	0.0003	0.0003	0.0003	0.0003	0.0003	0.0003	0.0003	0.0002
3.5	0.0002	0.0002	0.0002	0.0002	0.0002	0.0002	0.0002	0.0002	0.0002	0.0002
3.6	0.0002	0.0002	0.0001	0.0001	0.0001	0.0001	0.0001	0.0001	0.0001	0.0001
3.7	0.0001	0.0001	0.0001	0.0001	0.0001	0.0001	0.0001	0.0001	0.0001	0.0001
3.8	0.0001	0.0001	0.0001	0.0001	0.0001	0.0001	0.0001	0.0001	0.0001	0.0001
3.9	0.0000	0.0000	0.0000	0.0000	0.0000	0.0000	0.0000	0.0000	0.0000	0.0000

[표 A-2] t-분포표

$P\{T \geq t_{(q\ ;\ \nu)}\} = q$

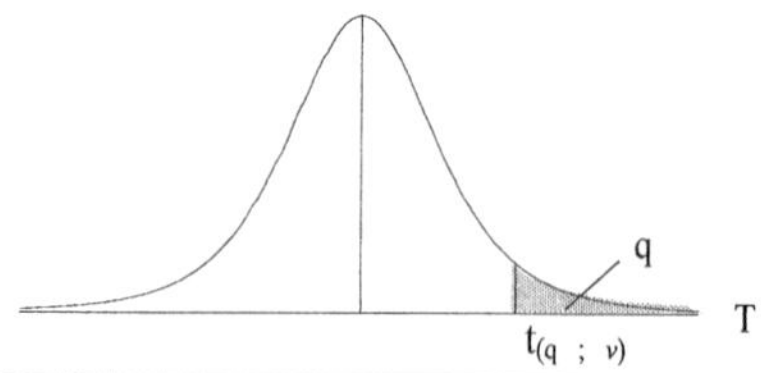

자유도	꼬리확률 q									
ν	0.4	0.25	0.1	0.05	0.025	0.01	0.005	0.0025	0.001	0.0005
1	0.325	1.000	3.078	6.314	12.706	31.821	63.657	127.32	318.31	636.62
2	0.289	0.816	1.886	2.920	4.303	6.965	9.925	14.089	23.326	31.598
3	0.277	0.765	1.638	2.353	3.182	4.541	5.841	7.453	10.213	12.924
4	0.271	0.741	1.533	2.132	2.776	3.747	4.604	5.598	7.173	8.610
5	0.267	0.727	1.476	2.015	2.571	3.365	4.032	4.773	5.893	6.869
6	0.265	0.718	1.440	1.943	2.447	3.143	3.707	4.317	5.208	5.959
7	0.263	0.711	1.415	1.895	2.365	2.998	3.499	4.029	4.785	5.408
8	0.262	0.706	1.397	1.860	2.306	2.896	3.355	3.833	4.501	5.041
9	0.261	0.703	1.383	1.833	2.262	2.821	3.250	3.690	4.297	4.781
10	0.260	0.700	1.372	1.812	2.228	2.764	3.169	3.581	4.144	4.587
11	0.260	0.697	1.363	1.796	2.201	2.718	3.106	3.497	4.025	4.437
12	0.259	0.695	1.356	1.782	2.179	2.681	3.055	3.428	3.930	4.318
13	0.259	0.694	1.350	1.771	2.160	2.650	3.012	3.372	3.852	4.221
14	0.258	0.692	1.345	1.761	2.145	2.624	2.977	3.326	3.787	4.140
15	0.258	0.691	1.341	1.753	2.131	2.602	2.947	3.286	3.733	4.073
16	0.258	0.690	1.337	1.746	2.120	2.583	2.921	3.252	3.686	4.015
17	0.257	0.689	1.333	1.740	2.110	2.567	2.898	3.222	3.646	3.965
18	0.257	0.688	1.330	1.734	2.101	2.552	2.878	3.197	3.610	3.922
19	0.257	0.688	1.328	1.729	2.093	2.539	2.861	3.174	3.579	3.883
20	0.257	0.687	1.325	1.725	2.086	2.528	2.845	3.153	3.552	3.850
21	0.257	0.686	1.323	1.721	2.080	2.518	2.831	3.135	3.527	3.819
22	0.256	0.686	1.321	1.717	2.074	2.508	2.819	3.119	3.505	3.792
23	0.256	0.685	1.319	1.714	2.069	2.500	2.807	3.104	3.485	3.767
24	0.256	0.685	1.318	1.711	2.064	2.492	2.792	3.091	3.467	3.745
25	0.256	0.684	1.316	1.708	2.060	2.485	2.787	3.078	3.450	3.725
26	0.256	0.684	1.315	1.706	2.056	2.479	2.779	3.067	3.435	3.707
27	0.256	0.684	1.314	1.703	2.052	2.473	2.771	3.057	3.421	3.690
28	0.256	0.683	1.313	1.701	2.048	2.467	2.763	3.047	3.408	3.674
29	0.256	0.683	1.311	1.699	2.045	2.462	2.756	3.038	3.396	3.659
30	0.256	0.683	1.310	1.697	2.042	2.457	2.750	3.030	3.385	3.646
40	0.255	0.681	1.303	1.684	2.021	2.423	2.704	2.971	3.307	3.551
60	0.254	0.679	1.296	1.671	2.000	2.390	2.660	2.915	3.232	3.460
120	0.254	0.677	1.289	1.658	1.980	2.358	2.617	2.860	3.160	3.373
∞	0.253	0.674	1.282	1.645	1.960	2.326	2.576	2.807	3.090	3.291

[표 A-3] χ^2-분포표

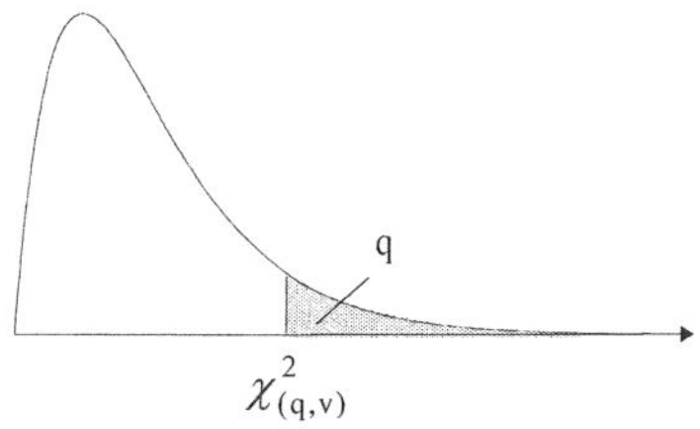

$$P\{\chi^2 \geq \chi^2_{(q;\ v)}\} = q$$

자유도	꼬리확률 q							
v	0.995	0.99	0.975	0.95	0.05	0.025	0.01	0.005
1	0.0^4393	0.0^3157	0.0^3982	0.0^2393	3.841	5.024	6.635	7.879
2	0.0100	0.0201	0.0506	0.103	5.991	7.378	9.210	10.597
3	0.0717	0.115	0.216	0.352	7.815	9.348	11.345	12.838
4	0.207	0.297	0.484	0.711	9.488	11.143	13.277	14.860
5	0.412	0.554	0.831	1.145	11.070	12.832	15.086	16.750
6	0.676	0.872	1.237	1.635	12.592	14.449	16.812	18.548
7	0.969	1.239	1.690	2.167	14.067	16.013	18.475	20.278
8	1.344	1.646	2.180	2.733	15.507	17.535	20.090	21.955
9	1.735	2.088	2.700	3.325	16.919	19.023	21.666	23.589
10	2.156	2.558	3.247	3.940	18.307	20.483	23.209	25.188
11	2.603	3.053	3.816	4.575	19.675	21.920	24.725	26.757
12	3.074	3.571	4.404	5.226	21.026	23.337	26.217	28.300
13	3.565	4.107	5.009	5.892	22.362	24.736	27.688	29.819
14	4.075	4.660	5.629	6.571	23.685	26.119	29.141	31.319
15	4.601	5.229	6.262	7.261	24.996	27.448	30.578	32.801
16	5.142	5.812	6.908	7.962	26.296	28.845	32.000	34.267
17	5.697	6.408	7.564	8.672	27.587	30.191	33.409	35.718
18	6.265	7.015	8.231	9.390	28.869	31.526	34.805	37.156
19	6.844	7.633	8.907	10.117	30.144	32.852	36.191	38.582
20	7.434	8.260	9.591	10.851	31.410	34.170	37.566	39.997
21	8.034	8.897	10.283	11.591	32.671	35.479	38.932	41.401
22	8.643	9.542	10.982	12.338	33.924	36.781	40.289	42.796
23	9.260	10.196	11.689	13.091	35.172	38.076	41.638	44.181
24	9.886	10.856	12.401	13.848	36.415	39.364	42.980	45.558
25	10.520	11.524	13.120	14.611	37.652	40.646	44.314	46.928
26	11.160	12.198	13.844	15.379	38.885	41.923	45.642	48.290
27	11.808	12.879	14.573	16.151	40.113	43.194	46.963	49.645
28	12.461	13.565	15.308	16.928	41.337	44.461	48.278	50.993
29	13.121	14.256	16.047	17.708	42.557	45.722	49.588	52.336
30	13.787	14.953	16.791	18.493	43.773	46.979	50.892	53.672
40	20.707	22.165	24.433	26.509	55.758	59.342	63.691	66.766
50	27.991	29.707	32.357	34.764	67.505	71.420	76.154	79.490
100	67.328	70.065	74.222	77.929	124.342	129.561	135.807	140.169

[표 A-4] F-분포표

$$P\{F \geq F_{(q;\nu_1,\nu_2)}\} = q$$

$$F_{(1-q;\nu_1,\nu_2)} = \frac{1}{F_{(q;\nu_2,\nu_1)}}$$

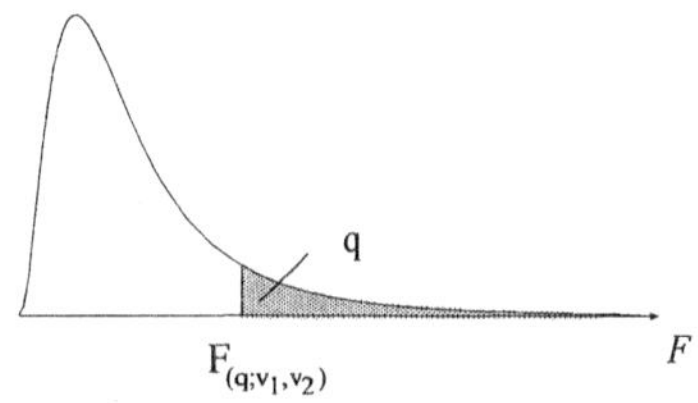

ν_2	q	분자자유도 ν_1								
		1	2	3	4	5	6	7	8	9
1	0.10	39.9	49.5	53.6	55.8	57.2	58.2	58.9	59.4	59.9
	0.05	161	200	216	225	230	234	237	239	241
	0.025	648	800	864	900	922	937	948	957	963
	0.01	4,052	5,000	5,403	5,625	5,764	5,859	5,928	5,981	6,022
2	0.10	8.53	9.00	9.16	9.24	9.29	9.33	9.35	9.37	9.38
	0.05	18.5	19.0	19.2	19.2	19.3	19.3	19.4	19.4	19.4
	0.025	38.5	39.0	39.2	39.3	39.3	39.3	39.4	39.4	39.4
	0.01	98.5	99.0	99.2	99.2	99.3	99.3	99.4	99.4	99.4
3	0.10	5.54	5.46	5.39	5.34	5.31	5.28	5.27	5.25	5.24
	0.05	10.1	9.55	9.28	9.12	9.01	8.94	8.89	8.85	8.81
	0.025	17.4	16.0	15.4	15.1	14.9	14.7	14.6	14.5	14.5
	0.01	34.1	30.8	29.5	28.7	28.2	27.9	27.7	27.5	27.3
4	0.10	4.54	4.32	4.19	4.11	4.05	4.01	3.98	3.95	3.94
	0.05	7.71	6.94	6.59	6.39	6.26	6.16	6.09	6.04	6.00
	0.025	12.2	10.7	9.98	9.60	9.36	9.20	9.07	8.98	8.90
	0.01	21.2	18.0	16.7	16.0	15.5	15.2	15.0	14.8	14.7
5	0.10	4.06	3.78	3.62	3.52	3.45	3.40	3.37	3.34	3.32
	0.05	6.61	5.79	5.41	5.19	5.05	4.95	4.88	4.82	4.77
	0.025	10.0	8.43	7.76	7.39	7.15	6.98	6.85	6.76	6.68
	0.01	16.3	13.3	12.1	11.4	11.0	10.7	10.5	10.3	10.2
6	0.10	3.78	3.46	3.29	3.18	3.11	3.05	3.01	2.98	2.96
	0.05	5.99	5.14	4.76	4.53	4.39	4.28	4.21	4.15	4.10
	0.025	8.81	7.26	6.60	6.23	5.99	5.82	5.70	5.60	5.52
	0.01	13.7	10.9	9.78	9.15	8.75	8.47	8.26	8.10	7.98
7	0.10	3.59	3.26	3.07	2.96	2.88	2.83	2.78	2.75	2.72
	0.05	5.59	4.74	4.35	4.12	3.97	3.87	3.79	3.73	3.68
	025	8.07	6.54	5.89	5.52	5.29	5.12	4.99	4.90	4.82
	0.01	12.2	9.55	8.45	7.85	7.46	7.19	6.99	6.84	6.72
8	0.10	3.46	3.11	2.92	2.81	2.73	2.67	2.62	2.59	2.56
	0.05	5.32	4.46	4.07	3.84	3.69	3.58	3.50	3.44	3.39
	0.025	7.57	6.06	5.42	5.05	4.82	4.65	4.53	4.43	4.36
	0.01	11.3	8.65	7.59	7.01	6.63	6.37	6.18	6.03	5.91
9	0.10	3.36	3.01	2.81	2.69	2.61	2.55	2.51	2.47	2.44
	0.05	5.12	4.26	3.86	3.63	3.48	3.37	3.29	3.23	3.18
	0.025	7.21	5.71	5.08	4.72	4.48	4.32	4.20	4.10	4.03
	0.01	10.6	8.02	6.99	6.42	6.06	5.80	5.61	5.47	5.35

ν_2	q	분자자유도 ν_1								
		1	2	3	4	5	6	7	8	9
10	0.10	3.29	2.92	2.73	2.61	2.52	2.46	2.41	2.38	2.35
	0.05	4.96	4.10	3.71	3.48	3.33	3.22	3.14	3.07	3.02
	0.025	6.94	5.46	4.83	4.47	4.24	4.07	3.95	3.85	3.78
	0.01	10.0	7.56	6.55	5.99	5.64	5.39	5.20	5.06	4.94
11	0.10	3.23	2.86	2.66	2.54	2.45	2.39	2.34	2.30	2.27
	0.05	4.84	3.98	3.59	3.36	3.20	3.09	3.01	2.95	2.90
	0.025	6.72	5.26	4.63	4.28	4.04	3.88	3.76	3.66	3.59
	0.01	9.65	7.21	6.22	5.67	5.32	5.07	4.89	4.74	4.63
12	0.10	3.18	2.81	2.61	2.48	2.39	2.33	2.28	2.24	2.21
	0.05	4.75	3.89	3.49	3.26	3.11	3.00	2.91	2.85	2.80
	0.025	6.55	5.10	4.47	4.12	3.89	3.73	3.61	3.51	3.44
	0.01	9.33	6.93	5.95	5.41	5.06	4.82	4.64	4.50	4.39

ν_2	q	분자자유도 ν_1									
		10	11	12	15	20	24	30	60	120	∞
1	0.10	60.2	60.5	60.7	61.2	61.7	62.0	62.3	62.8	63.1	63.3
	0.05	242	243	244	246	248	249	250	252	253	254
	0.025	969	973	977	985	993	997	1001	1010	1014	1018
	0.01	6,056	6,082	6,106	6,157	6,209	6,235	6,261	6,313	6,339	6,366
2	0.10	9.39	9.40	9.41	9.42	9.44	9.45	9.46	9.47	9.48	9.49
	0.05	19.4	19.4	19.4	19.4	19.4	19.5	19.5	19.5	19.5	19.5
	0.025	39.4	39.4	39.4	39.4	39.5	39.5	39.5	39.5	39.5	39.5
	0.01	99.4	99.4	99.4	99.4	99.4	99.5	99.5	99.5	99.5	99.5
3	0.10	5.23	5.22	5.22	5.20	5.18	5.18	5.17	5.15	5.14	5.13
	0.05	8.79	8.76	8.74	8.70	8.66	8.64	8.62	8.57	8.55	8.53
	0.025	14.4	14.4	14.3	14.3	14.2	14.1	14.1	14.0	14.0	13.9
	0.01	27.2	27.1	27.1	26.9	26.7	26.6	26.5	26.3	26.2	26.1
4	0.10	3.92	3.91	3.90	3.87	3.84	3.83	3.82	3.79	3.78	3.76
	0.05	5.96	5.94	5.91	5.85	5.80	5.77	5.75	5.69	5.66	5.63
	0.025	8.84	8.80	8.75	8.66	8.56	8.51	8.46	8.36	8.31	8.26
	0.01	14.5	14.4	14.4	14.2	14.0	13.9	13.8	13.7	13.6	13.5
5	0.10	3.30	3.28	3.27	3.24	3.21	3.19	3.17	3.14	3.12	3.11
	0.05	4.74	4.71	4.68	4.62	4.56	4.53	4.50	4.43	4.40	4.37
	0.025	6.62	6.57	6.52	6.43	5.33	6.28	6.23	6.12	6.07	6.02
	0.01	10.1	9.96	9.89	9.72	9.55	9.47	9.38	9.20	9.11	9.02
6	0.10	2.94	2.92	2.90	2.87	2.84	2.82	2.80	2.76	2.74	2.72
	0.05	4.06	4.03	4.00	3.94	3.87	3.84	3.81	3.74	3.70	3.67
	0.025	5.46	5.41	5.27	5.27	5.17	5.12	5.07	4.96	4.90	4.85
	0.01	7.87	7.79	7.72	7.56	7.40	7.31	7.23	7.06	6.97	6.88

ν_2	q	분자자유도 ν_1									
		10	11	12	15	20	24	30	60	120	∞
7	0.10	2.70	2.68	2.67	2.63	2.59	2.58	2.56	2.51	2.49	2.47
	0.05	3.64	3.60	3.57	3.51	3.44	3.41	3.38	3.30	3.27	3.23
	025	4.76	4.71	4.67	4.57	4.47	4.42	4.36	4.25	4.20	4.14
	0.01	6.62	6.54	6.47	6.31	6.16	6.07	5.99	5.82	5.74	5.65
8	0.10	2.54	2.52	2.50	2.46	2.42	2.40	2.38	2.34	2.32	2.29
	0.05	3.35	3.31	3.28	3.22	3.15	3.12	3.08	3.01	2.97	2.93
	0.025	4.30	4.25	4.20	4.10	4.00	3.95	3.89	3.78	3.73	3.67
	0.01	5.81	5.73	5.67	5.52	5.36	5.28	5.20	5.03	4.95	4.89
9	0.10	2.42	2.40	2.38	2.34	2.30	2.28	2.25	2.21	2.18	2.16
	0.05	3.14	3.10	3.07	3.01	2.94	2.90	2.86	2.79	2.75	2.71
	0.025	3.96	3.91	3.87	3.77	3.67	3.61	3.56	3.45	3.39	3.33
	0.01	5.26	5.18	5.11	4.96	4.81	4.73	4.65	4.48	4.40	4.31
10	0.10	2.32	2.30	2.28	2.24	2.20	2.18	2.16	2.11	2.08	2.06
	0.05	2.98	2.94	2.91	2.84	2.77	2.74	2.70	2.62	2.58	2.54
	0.025	3.72	3.67	3.62	3.52	3.42	3.37	3.31	3.20	3.14	3.08
	0.01	4.85	4.77	4.71	4.56	4.41	4.33	4.25	4.08	4.00	3.91
11	0.10	2.25	2.23	2.21	2.17	2.12	2.10	2.08	2.03	1.99	1.97
	0.05	2.85	2.82	2.79	2.72	2.65	2.61	2.57	2.49	2.43	2.40
	0.025	3.52	3.48	3.43	3.33	3.23	3.17	3.12	3.00	2.94	2.88
	0.01	4.54	4.46	4.40	4.25	4.10	4.02	3.94	3.78	3.66	3.60
12	0.10	2.19	2.17	2.15	2.10	2.06	2.04	2.01	1.96	1.93	1.90
	0.05	2.75	2.72	2.69	2.62	2.54	2.51	2.47	2.38	2.34	2.30
	0.025	3.37	3.32	3.28	3.18	3.07	3.02	2.96	2.85	2.79	2.72
	0.01	4.30	4.22	4.16	4.01	3.86	3.78	3.70	3.54	3.45	3.36

ν_2	q	분자자유도 ν_1								
		1	2	3	4	5	6	7	8	9
13	0.10	3.14	2.76	2.56	2.43	2.35	2.28	2.23	2.20	2.16
	0.05	4.67	3.81	3.41	3.18	3.03	2.92	2.83	2.77	2.71
	0.025	6.41	4.97	4.35	4.00	3.77	3.60	3.48	3.39	3.31
	0.01	9.07	6.70	5.73	5.21	4.86	4.62	4.44	4.30	4.19
14	0.10	3.10	2.73	2.52	2.39	2.31	2.24	2.19	2.15	2.12
	0.05	4.60	3.74	3.34	3.11	2.96	2.85	2.76	2.70	2.65
	0.025	6.39	4.86	4.24	3.80	3.66	3.50	3.36	3.29	3.26
	0.01	8.86	6.51	5.56	5.04	4.69	4.46	4.28	4.14	4.03
15	0.10	3.07	2.70	2.49	2.36	2.27	2.21	2.16	2.12	2.09
	0.05	4.54	3.68	3.29	3.06	2.90	2.79	2.71	2.64	2.59
	0.025	6.20	4.77	4.15	3.80	3.58	3.41	3.29	3.20	3.12
	0.01	8.68	6.36	5.42	4.89	4.56	4.32	4.14	4.00	3.89

ν_2	q	분자자유도 ν_1								
		1	2	3	4	5	6	7	8	9
16	0.10	3.05	2.67	2.46	2.33	2.24	2.18	2.13	2.09	2.06
	0.05	4.49	3.63	3.24	3.01	2.85	2.74	2.66	2.59	2.54
	0.025	6.12	4.69	4.08	3.73	3.50	3.34	3.22	3.12	3.05
	0.01	8.53	6.23	5.29	4.77	4.44	4.20	4.03	3.89	3.78
17	0.10	3.03	2.64	2.44	2.31	2.22	2.15	2.10	2.06	2.03
	0.05	4.45	3.59	3.20	2.96	2.81	2.70	2.61	2.55	2.49
	0.025	6.04	4.62	4.01	3.66	3.44	3.28	3.16	3.06	2.98
	0.01	8.40	6.11	5.18	4.67	4.34	4.10	3.93	3.79	3.68
18	0.10	3.01	2.62	2.42	2.29	2.20	2.13	2.08	2.04	2.00
	0.05	4.41	3.55	3.16	2.93	2.77	2.66	2.58	2.51	2.46
	0.025	5.98	4.56	3.95	3.61	3.38	3.22	3.10	3.01	2.93
	0.01	8.29	6.01	5.09	4.58	4.25	4.01	3.84	3.71	3.60
19	0.10	2.99	2.61	2.40	2.27	2.18	2.11	2.06	2.02	1.98
	0.05	4.38	3.52	3.13	2.90	2.74	2.63	2.54	2.48	2.42
	025	5.92	4.51	3.90	3.56	3.33	3.17	3.05	2.96	2.88
	0.01	8.18	5.93	5.01	4.50	4.17	3.94	3.77	3.63	3.52
20	0.10	2.97	2.59	2.38	2.25	2.16	2.09	2.04	2.00	1.96
	0.05	4.35	3.49	3.10	2.87	2.71	2.60	2.51	2.45	2.39
	0.025	5.87	4.46	3.86	3.51	3.29	3.13	3.01	2.91	2.84
	0.01	8.10	5.85	4.94	4.43	4.10	3.87	3.70	3.56	3.46
24	0.10	2.93	2.54	2.33	2.19	2.10	2.04	1.98	1.94	1.91
	0.05	4.26	3.40	3.01	2.78	2.62	2.51	2.42	2.36	2.30
	0.025	5.72	4.32	3.72	3.38	3.15	2.99	2.87	2.78	2.70
	0.01	7.82	5.61	4.72	4.22	3.90	3.67	3.50	3.36	3.26
30	0.10	2.88	2.49	2.28	2.14	2.05	1.98	1.93	1.88	1.85
	0.05	4.17	3.32	2.92	2.69	2.53	2.42	2.33	2.27	2.21
	0.025	5.57	4.18	3.59	3.25	3.03	2.87	2.75	2.65	2.57
	0.01	7.56	5.39	4.51	4.02	3.70	3.47	3.30	3.17	3.07
60	0.10	2.79	2.39	2.18	2.04	1.95	1.87	1.82	1.77	1.74
	0.05	4.00	3.15	2.76	2.53	2.37	2.25	2.17	2.10	2.04
	0.025	5.29	3.93	3.34	3.01	2.79	2.63	2.51	2.41	2.33
	0.01	7.08	4.98	4.13	3.65	3.34	3.12	2.95	2.82	2.72
120	0.10	2.75	2.36	2.13	1.99	1.90	1.82	1.77	1.72	1.68
	0.05	3.92	3.07	2.68	2.45	2.29	2.18	2.09	2.02	1.96
	0.025	5.15	3.80	3.23	2.89	2.67	2.52	2.39	2.30	2.22
	0.01	7.08	4.98	4.13	3.65	3.34	3.12	2.95	2.82	2.72
∞	0.10	2.71	2.30	2.08	1.94	1.85	1.77	1.72	1.67	1.63
	0.05	3.84	3.00	2.60	2.37	2.21	2.10	2.01	1.94	1.88
	0.025	5.02	3.69	3.12	2.79	2.57	2.41	2.29	2.19	2.11
	0.01	6.63	4.61	3.78	3.32	3.02	2.80	2.64	2.51	2.41

ν_2	q	분자자유도 ν_1									
		10	11	12	15	20	24	30	60	120	∞
13	0.10	2.14	2.12	2.10	2.05	2.01	1.98	1.96	1.90	1.86	1.85
	0.05	2.67	2.63	2.60	2.53	2.46	2.42	2.38	2.30	2.23	2.21
	0.025	3.25	3.20	3.15	3.05	2.95	2.89	2.84	2.72	2.66	2.60
	0.01	4.10	4.02	3.96	3.82	3.66	3.59	3.51	3.34	3.22	3.17
14	0.10	2.10	2.08	2.05	2.01	1.96	1.94	1.91	1.86	1.83	1.80
	0.05	2.60	2.57	2.53	2.46	2.39	2.35	2.31	2.22	2.18	2.13
	0.025	3.15	3.10	3.05	2.95	2.84	2.79	2.73	2.61	2.55	2.49
	0.01	3.94	3.86	3.38	3.66	3.51	3.43	3.35	3.18	3.09	3.00
15	0.10	2.06	2.04	2.02	1.97	1.92	1.90	1.87	1.82	1.79	1.76
	0.05	2.54	2.51	2.48	2.40	2.33	2.29	2.25	2.16	2.11	2.07
	0.025	3.06	3.01	2.96	2.86	2.76	2.70	2.64	2.52	2.46	2.40
	0.01	3.80	3.73	3.67	3.52	3.37	3.29	3.21	3.05	2.96	2.87
16	0.10	2.03	2.01	1.99	1.94	1.89	1.87	1.84	1.78	1.75	1.72
	0.05	2.49	2.46	2.42	2.35	2.28	2.24	2.19	2.11	2.06	2.01
	0.025	2.99	2.94	2.89	2.79	2.68	2.63	2.57	2.45	2.38	2.32
	0.01	3.69	3.62	3.55	3.41	3.26	3.18	3.10	2.93	2.84	2.75
17	0.10	2.00	1.98	1.96	1.91	1.86	1.84	1.81	1.75	1.72	1.69
	0.05	2.45	2.41	2.38	2.32	2.23	2.19	2.15	2.06	2.01	1.96
	0.025	2.92	2.87	2.82	2.72	2.62	2.56	2.50	2.38	2.32	2.25
	0.01	3.59	3.52	3.46	3.31	3.16	3.08	3.00	2.83	2.75	2.65
18	0.10	1.98	1.96	1.93	1.89	1.84	1.81	1.78	1.72	1.69	1.66
	0.05	2.41	2.37	2.34	2.27	2.19	2.15	2.11	2.02	1.97	1.92
	0.025	2.87	2.82	2.77	2.67	2.56	2.50	2.44	2.32	2.26	2.19
	0.01	3.51	3.43	3.37	3.23	3.08	3.00	2.92	2.75	2.66	2.57
19	0.10	1.96	1.94	1.91	1.86	1.81	1.79	1.76	1.70	1.67	1.63
	0.05	2.38	2.34	2.31	2.23	2.16	2.11	2.07	1.98	1.93	1.88
	0.025	2.82	2.77	2.72	2.62	2.51	2.45	2.39	2.27	2.20	2.13
	0.01	3.43	3.36	3.30	3.15	3.00	2.92	2.84	2.67	2.58	2.49
20	0.10	1.94	1.92	1.89	1.84	1.79	1.77	1.74	1.68	1.64	1.61
	0.05	2.35	2.31	2.28	2.20	2.12	2.08	2.04	1.95	1.90	1.84
	025	2.77	2.72	2.68	2.57	2.46	2.41	2.35	2.22	2.16	2.09
	0.01	3.37	3.29	3.23	3.09	2.94	2.86	2.78	2.61	2.52	2.42
24	0.10	1.88	1.85	1.83	1.78	1.73	1.70	1.67	1.61	1.57	1.53
	0.05	2.25	2.21	2.18	2.11	2.03	1.98	1.94	1.84	1.79	1.73
	0.025	2.64	2.59	2.54	2.44	2.33	2.27	2.21	2.08	2.01	1.94
	0.01	3.17	3.09	3.03	2.89	2.74	2.66	2.58	2.40	2.31	2.21
30	0.10	1.82	1.79	1.77	1.72	1.67	1.64	1.61	1.54	1.50	1.46
	0.05	2.16	2.13	2.09	2.01	1.93	1.89	1.84	1.74	1.68	1.62
	0.025	2.51	2.46	2.41	2.31	2.20	2.14	2.07	1.94	1.87	1.79
	0.01	2.98	2.91	2.84	2.70	2.55	2.47	2.39	2.21	2.11	2.01

ν_2	q	분자자유도 ν_1									
		10	11	12	15	20	24	30	60	120	∞
60	0.10	1.71	1.68	1.66	1.60	1.54	1.51	1.48	1.40	1.35	1.29
	0.05	1.99	1.95	1.92	1.84	1.75	1.70	1.65	1.53	1.47	1.39
	0.025	2.27	2.22	2.17	2.06	1.94	1.88	1.82	1.67	1.58	1.48
	0.01	2.63	2.56	2.50	2.35	2.20	2.12	2.03	1.84	1.73	1.60
120	0.10	1.65	1.62	1.60	1.55	1.48	1.45	1.41	1.32	1.26	1.19
	0.05	1.91	1.87	1.83	1.75	1.66	1.61	1.55	1.43	1.35	1.25
	0.025	2.16	2.11	2.05	1.94	1.82	1.76	1.69	1.53	1.43	1.31
	0.01	2.47	2.40	2.34	2.19	2.03	1.95	1.86	1.66	1.53	1.38
∞	0.10	1.60	1.57	1.55	1.49	1.42	1.38	1.34	1.24	1.17	1.00
	0.05	1.83	1.79	1.75	1.67	1.57	1.52	1.46	1.32	1.22	1.00
	0.025	2.05	2.00	1.94	1.83	1.71	1.64	1.57	1.39	1.27	1.00
	0.01	2.32	2.25	2.18	2.04	1.88	1.79	1.70	1.47	1.32	1.00

[표 A-5] Durbin-Watson 검정표

Durbin-Watson 검정의 상한(d_U)과 하한(d_L) (α = 0.01, 0.025, 0.05)

		k (독립변수 수)									
		1		2		3		4		5	
n	α	d_L	d_U	d_L	d_U	d_L	d_U	d_L	d_U	d_L	d_U
15	0.01	0.81	1.07	0.70	1.25	0.59	1.46	0.49	1.70	0.39	1.96
	0.025	0.95	1.23	0.83	1.40	0.71	1.61	0.59	1.84	0.48	2.09
	0.05	1.08	1.36	0.95	1.54	0.82	1.75	0.69	1.97	0.56	2.21
20	0.01	0.95	1.15	0.86	1.27	0.77	1.41	0.63	1.57	0.60	1.74
	0.025	1.08	1.28	0.99	1.41	0.89	1.55	0.79	1.70	0.70	1.87
	0.05	1.23	1.41	1.10	1.54	1.00	1.68	0.90	1.83	0.79	1.99
25	0.01	1.05	1.21	0.98	1.30	0.90	1.41	0.83	1.52	0.75	1.65
	0.025	1.13	1.34	1.10	1.43	1.02	1.54	0.94	1.65	0.86	1.77
	0.05	1.29	1.45	1.21	1.55	1.12	1.66	1.04	1.77	0.95	1.89
30	0.01	1.13	1.26	1.07	1.34	1.01	1.42	0.94	1.51	0.88	1.61
	0.025	1.25	1.38	1.18	1.46	1.12	1.54	1.05	1.63	0.98	1.73
	0.05	1.35	1.49	1.28	1.57	1.21	1.65	1.14	1.74	1.07	1.83
40	0.01	1.25	1.34	1.20	1.40	1.15	1.46	1.10	1.52	1.05	1.58
	0.025	1.35	1.45	1.30	1.51	1.25	1.57	1.20	1.63	1.15	1.69
	0.05	1.44	1.54	1.39	1.60	1.34	1.66	1.29	1.72	1.23	1.79
50	0.01	1.32	1.40	1.28	1.45	1.24	1.49	1.20	1.54	1.16	1.59
	0.025	1.42	1.50	1.38	1.54	1.34	1.59	1.30	1.64	1.26	1.69
	0.05	1.50	1.59	1.46	1.63	1.42	1.67	1.38	1.72	1.34	1.77
60	0.01	1.38	1.45	1.35	1.48	1.32	1.52	1.28	1.56	1.25	1.60
	0.025	1.47	1.54	1.44	1.57	1.40	1.61	1.37	1.65	1.33	1.69
	0.05	1.55	1.62	1.51	1.65	1.48	1.69	1.44	1.73	1.41	1.77
80	0.01	1.47	1.52	1.44	1.54	1.42	1.57	1.39	1.60	1.36	1.62
	0.025	1.54	1.59	1.52	1.62	1.49	1.65	1.47	1.67	1.44	1.70
	0.05	1.61	1.66	1.59	1.69	1.56	1.72	1.53	1.74	1.51	1.77
100	0.01	1.52	1.56	1.50	1.58	1.48	1.60	1.45	1.63	1.44	1.65
	0.025	1.59	1.63	1.57	1.65	1.55	1.67	1.53	1.70	1.51	1.72
	0.05	1.65	1.69	1.63	1.72	1.61	1.74	1.59	1.76	1.57	1.78

[표A-6] 직교배열표

L4

Expt. No.	Column 1	2	3
1	0	0	0
2	0	1	1
3	1	0	1
4	1	1	0
기본표시	a	b	ab

L8

Expt. No.	Column 1	2	3	4	5	6	7
1	0	0	0	0	0	0	0
2	0	0	0	1	1	1	1
3	0	1	1	0	0	1	1
4	0	1	1	1	1	0	0
5	1	0	1	0	1	0	1
6	1	0	1	1	0	1	0
7	1	1	0	0	1	1	0
8	1	1	0	1	0	0	1
기본표시	a	b	ab	c	ac	bc	abc

L16

Expt.	Column														
No.	1	2	3	4	5	6	7	8	9	10	11	12	13	14	15
1	0	0	0	0	0	0	0	0	0	0	0	0	0	0	0
2	0	0	0	0	0	0	0	1	1	1	1	1	1	1	1
3	0	0	0	1	1	1	1	0	0	0	0	1	1	1	1
4	0	0	0	1	1	1	1	1	1	1	1	0	0	0	0
5	0	1	1	0	0	1	1	0	0	1	1	0	0	1	1
6	0	1	1	0	0	1	1	1	1	0	0	1	1	0	0
7	0	1	1	1	1	0	0	0	0	1	1	1	1	0	0
8	0	1	1	1	1	0	0	1	1	0	0	0	0	1	1
9	1	0	1	0	1	0	1	0	1	0	1	0	1	0	1
10	1	0	1	0	1	0	1	1	0	1	0	1	0	1	0
11	1	0	1	1	0	1	0	0	1	0	1	1	0	1	0
12	1	0	1	1	0	1	0	1	0	1	0	0	1	0	1
13	1	1	0	0	1	1	0	0	1	1	0	0	1	1	0
14	1	1	0	0	1	1	0	1	0	0	1	1	0	0	1
15	1	1	0	1	0	0	1	0	1	1	0	1	0	0	1
16	1	1	0	1	0	0	1	1	0	0	1	0	1	1	0
기본표시	a	b	ab	c	ac	bc	abc	d	ad	bd	abd	cd	acd	bcd	abcd

L9

Expt. No.	Column 1	2	3	4
1	0	0	0	0
2	0	1	1	1
3	0	2	2	2
4	1	0	1	2
5	1	1	2	0
6	1	2	0	1
7	2	0	2	1
8	2	1	0	2
9	2	2	1	0
기본표시	a	b	ab	ab^2

L27

Expt. No.	Column 1	2	3	4	5	6	7	8	9	10	11	12	13
1	0	0	0	0	0	0	0	0	0	0	0	0	0
2	0	0	0	0	1	1	1	1	1	1	1	1	1
3	0	0	0	0	2	2	2	2	2	2	2	2	2
4	0	1	1	1	0	0	0	1	1	1	2	2	2
5	0	1	1	1	1	1	1	2	2	2	0	0	0
6	0	1	1	1	2	2	2	0	0	0	1	1	1
7	0	2	2	2	0	0	0	2	2	2	1	1	1
8	0	2	2	2	1	1	1	0	0	0	2	2	2
9	0	2	2	2	2	2	2	1	1	1	0	0	0
10	1	0	1	2	0	1	2	0	1	2	0	1	2
11	1	0	1	2	1	2	0	1	2	0	1	2	0
12	1	0	1	2	2	0	1	2	0	1	2	0	1
13	1	1	2	0	0	1	2	1	2	0	2	0	1
14	1	1	2	0	1	2	0	2	0	1	0	1	2
15	1	1	2	0	2	0	1	0	1	2	1	2	0
16	1	2	0	1	0	1	2	2	0	1	1	2	0
17	1	2	0	1	1	2	0	0	1	2	2	0	1
18	1	2	0	1	2	0	1	1	2	0	0	1	2
19	2	0	2	1	0	2	1	0	2	1	0	2	1
20	2	0	2	1	1	0	2	1	0	2	1	0	2
21	2	0	2	1	2	1	0	2	1	0	2	1	0
22	2	1	0	2	0	2	1	1	0	2	2	1	0
23	2	1	0	2	1	0	2	2	1	0	0	2	1
24	2	1	0	2	2	1	0	0	2	1	1	0	2
25	2	2	1	0	0	2	1	2	1	0	1	0	2
26	2	2	1	0	1	0	2	0	2	1	2	1	0
27	2	2	1	0	2	1	0	1	0	2	0	2	1
기본표시	a	b	ab	ab^2	c	ac	ac^2	bc	abc	ab^2c^2	bc^2	ab^2c	abc^2

L18

Expt. No.	Column							
	1	2	3	4	5	6	7	8
1	0	0	0	0	0	0	0	0
2	0	0	1	1	1	1	1	1
3	0	0	2	2	2	2	2	2
4	0	1	0	0	1	1	2	2
5	0	1	1	1	2	2	0	0
6	0	1	2	2	0	0	1	1
7	0	2	0	1	0	2	1	2
8	0	2	1	2	1	0	2	0
9	0	2	2	0	2	1	0	1
10	1	0	0	2	2	1	1	0
11	1	0	1	0	0	2	2	1
12	1	0	2	1	1	0	0	2
13	1	1	0	1	2	0	2	1
14	1	1	1	2	0	1	0	2
15	1	1	2	0	1	2	1	0
16	1	2	0	2	1	2	0	1
17	1	2	1	0	2	0	1	2
18	1	2	2	1	0	1	2	0

[표 A-7] 계량형 관리도 계수표

부분군 크기	$\bar{x}$ 관리도			c 관리도						R 관리도						
n	A	A_2	A_3	c_4	$1/c_4$	B_3	B_4	B_5	B_6	d_2	$1/d_2$	d_3	D_1	D_2	D_3	D_4
2	2.121	1.880	2.659	0.7979	1.2533	0	3.267	0	2.606	1.128	0.8865	0.853	0	3.686	0	3.267
3	1.732	1.023	1.954	0.8862	1.1284	0	2.568	0	2.276	1.693	0.5907	0.888	0	4.358	0	2.575
4	1.500	0.729	1.628	0.9213	1.0854	0	2.266	0	2.088	2.059	0.4857	0.880	0	4.698	0	2.282
5	1.342	0.577	1.427	0.9400	1.0638	0	2.089	0	1.964	2.326	0.4299	0.864	0	4.918	0	2.115
6	1.225	0.483	1.287	0.9515	1.0510	0.030	1.970	0.029	1.874	2.534	0.3946	0.848	0	5.078	0	2.004
7	1.134	0.419	1.182	0.9594	1.0423	0.118	1.882	0.113	1.806	2.704	0.3698	0.833	0.204	5.204	0.076	1.924
8	1.061	0.373	1.099	0.9650	1.0363	0.185	1.815	0.179	1.751	2.847	0.3512	0.820	0.388	5.306	0.136	1.864
9	1.000	0.337	1.032	0.9693	1.0317	0.239	1.761	0.232	1.707	2.970	0.3367	0.808	0.547	5.393	0.184	1.816
10	0.949	0.308	0.975	0.9727	1.0281	0.284	1.716	0.276	1.669	3.078	0.3249	0.797	0.687	5.469	0.223	1.777
11	0.905	0.285	0.927	0.9754	1.0252	0.321	1.679	0.313	1.637	3.173	0.3152	0.787	0.811	5.535	0.256	1.744
12	0.866	0.266	0.886	0.9776	1.0229	0.354	1.646	0.346	1.610	3.258	0.3069	0.778	0.922	5.594	0.283	1.717
13	0.832	0.249	0.850	0.9794	1.0210	0.382	1.618	0.374	1.585	3.336	0.2998	0.770	1.025	5.647	0.307	1.693
14	0.802	0.235	0.817	0.9810	1.0194	0.406	1.594	0.399	1.563	3.407	0.2935	0.763	1.118	5.696	0.328	1.672
15	0.775	0.223	0.789	0.9823	1.0180	0.428	1.572	0.421	1.544	3.472	0.2880	0.756	1.203	5.741	0.347	1.653
16	0.750	0.212	0.763	0.9835	1.0168	0.448	1.552	0.440	1.526	3.532	0.2831	0.750	1.282	5.782	0.363	1.637
17	0.728	0.203	0.739	0.9845	1.0157	0.466	1.534	0.458	1.511	3.588	0.2787	0.744	1.356	5.820	0.378	1.622
18	0.707	0.194	0.718	0.9854	1.0148	0.482	1.518	0.475	1.496	3.640	0.2747	0.739	1.424	5.856	0.391	1.608
19	0.688	0.187	0.698	0.9862	1.0140	0.497	1.503	0.490	1.483	3.689	0.2711	0.734	1.487	5.891	0.403	1.597
20	0.671	0.180	0.680	0.9869	1.0133	0.510	1.490	0.504	1.470	3.735	0.2677	0.729	1.549	5.921	0.415	1.585
21	0.655	0.173	0.663	0.9876	1.0126	0.523	1.477	0.516	1.459	3.778	0.2647	0.724	1.605	5.951	0.425	1.575
22	0.640	0.167	0.647	0.9882	1.0119	0.534	1.466	0.528	1.448	3.819	0.2618	0.720	1.659	5.979	0.434	1.566
23	0.626	0.162	0.633	0.9887	1.0114	0.545	1.455	0.539	1.438	3.858	0.2592	0.716	1.710	6.006	0.443	1.557
24	0.612	0.157	0.619	0.9892	1.0109	0.555	1.445	0.549	1.429	3.895	0.2567	0.712	1.759	6.031	0.451	1.548
25	0.600	0.153	0.606	0.9896	1.0105	0.565	1.435	0.559	1.420	3.931	0.2544	0.708	1.806	6.056	0.459	1.541

[표 A-8] KS A 3102 계수규준형 1회 샘플링 검사표

왼쪽 글자는 n, 오른쪽 글자는 c　　　　　α = 0.05, β = 0.1

p_1(%) / p_0(%)	0.71 ~ 0.90	0.91 ~ 1.12	1.13 ~ 1.40	1.41 ~ 1.80	1.81 ~ 2.24	2.25 ~ 2.80	2.81 ~ 3.55	3.56 ~ 4.50	4.51 ~ 5.60	5.61 ~ 7.10	7.11 ~ 9.00	9.01 ~ 11.2	11.3 ~ 14.0	14.1 ~ 18.0	18.1 ~ 22.4	22.5 ~ 28.0	28.1 ~ 35.5	p_1(%) / p_0(%)
0.090 ~ 0.112	*	400 1	↓	←	↓	→	60 0	50 0	←	↓	↓	←	↓	↓	↓	↓	↓	0.090 ~ 0.112
0.113 ~ 0.140	*	↓	300 1	↓	←	↓	→	↑	40 0	←	↓	↓	←	↓	↓	↓	↓	0.113 ~ 0.140
0.141 ~ 0.180	*	500 2	↓	250 1	↓	←	↓	→	↑	30 0	←	↓	↓	←	↓	↓	↓	0.141 ~ 0.180
0.181 ~ 0.224	*	*	400 2	↓	200 1	↓	←	↓	→	↑	25 0	←	↓	↓	←	↓	↓	0.181 ~ 0.224
0.225 ~ 0.280	*	*	500 3	300 2	↓	150 1	↓	←	↓	→	↑	20 0	←	↓	↓	←	↓	0.225 ~ 0.280
0.281 ~ 0.355	*	*	*	400 3	250 2	↓	120 1	↓	←	↓	→	↑	15 0	←	↓	↓	←	0.281 ~ 0.355
0.356 ~ 0.450	*	*	*	500 4	300 3	200 2	↓	100 1	↓	←	↓	→	↑	15 0	←	↓	↓	0.356 ~ 0.450
0.451 ~ 0.560	*	*	*	*	400 4	250 3	150 2	↓	80 1	↓	←	↓	→	↑	10 0	←	↓	0.451 ~ 0.560
0.561 ~ 0.710	*	*	*	*	500 6	300 4	200 3	120 2	↓	60 1	↓	←	↓	→	↑	7 0	←	0.561 ~ 0.710
0.711 ~ 0.900	*	*	*	*	*	400 6	250 4	150 3	100 2	↓	50 1	↓	←	↓	→	↑	5 0	0.711 ~ 0.900
0.901 ~ 1.12		*	*	*	*	*	300 6	200 4	120 3	80 2	↓	40 1	↓	←	↓	↑	↑	0.901 ~ 1.12
1.13 ~ 1.40			*	*	*	*	500 10	250 6	150 4	100 3	60 2	↓	30 1	↓	←	↓	↑	1.13 ~ 1.40
1.41 ~ 1.80				*	*	*	*	400 10	200 6	120 4	80 3	50 2	↓	25 1	↓	←	↓	1.41 ~ 1.80
1.81 ~ 2.24					*	*	*	*	300 10	150 6	100 4	60 3	40 2	↓	20 1	↓	←	1.81 ~ 2.24
2.25 ~ 2.80						*	*	*	*	250 10	120 6	70 4	50 3	30 2	↓	15 1	↓	2.25 ~ 2.80
2.81 ~ 3.55							*	*	*	*	200 10	100 6	60 4	40 3	25 2	↓	10 1	2.81 ~ 3.55
3.56 ~ 4.50								*	*	*	*	150 10	80 6	50 4	30 3	20 2	↓	3.56 ~ 4.50
4.51 ~ 5.60									*	*	*	*	120 10	60 6	40 4	25 3	15 2	4.51 ~ 5.60

p_1(%) \ p_0(%)	0.71 ~ 0.90	0.91 ~ 1.12	1.13 ~ 1.40	1.41 ~ 1.80	1.81 ~ 2.24	2.25 ~ 2.80	2.81 ~ 3.55	3.56 ~ 4.50	4.51 ~ 5.60	5.61 ~ 7.10	7.11 ~ 9.00	9.01 ~ 11.2	11.3 ~ 14.0	14.1 ~ 18.0	18.1 ~ 22.4	22.5 ~ 28.0	28.1 ~ 35.5	p_1(%) / p_0(%)
5.61 ~ 7.10										*	*	*	*	100 10	50 6	30 4	20 3	5.61 ~ 7.10
7.11 ~ 9.00											*	*	*	*	70 10	40 6	25 4	7.11 ~ 9.00
9.01 ~ 11.2												*	*	*	*	60 10	30 6	9.01 ~ 11.2
p_0(%) / p_1(%)	0.71 ~ 0.90	0.91 ~ 1.12	1.13 ~ 1.40	1.41 ~ 1.80	1.81 ~ 2.24	2.25 ~ 2.80	2.81 ~ 3.55	3.56 ~ 4.50	4.51 ~ 5.60	5.61 ~ 7.10	7.11 ~ 9.00	9.01 ~ 11.2	11.3 ~ 14.0	14.1 ~ 18.0	18.1 ~ 22.4	22.5 ~ 28.0	28.1 ~ 35.5	p_0(%) / p_1(%)

[표 A-9] 난수표

83	28	78	05	18	98	49	22	54	11	92	37	45	11	63	60	19	05	91	26
84	73	82	58	01	90	55	37	85	68	98	15	99	52	99	84	51	91	73	81
00	79	20	99	42	57	55	67	93	39	99	25	65	10	94	54	84	65	16	23
94	48	02	99	71	08	50	84	66	10	10	34	92	30	89	28	30	74	24	24
54	37	52	43	87	22	21	34	20	15	07	67	64	98	36	01	33	34	04	42
47	68	59	90	98	90	27	71	89	89	98	20	24	19	85	02	34	38	26	71
76	16	58	55	51	85	44	00	28	28	38	91	70	70	16	81	13	49	46	54
37	64	90	35	64	45	47	72	82	03	01	65	05	97	13	90	90	57	51	97
92	78	39	12	48	01	83	46	39	29	98	71	39	56	97	66	97	70	05	77
24	50	29	02	71	28	53	99	75	07	13	18	76	97	72	54	85	79	71	60
01	72	71	23	86	40	70	05	35	36	15	64	11	01	11	18	90	14	95	05
43	28	52	77	22	80	49	89	79	65	91	17	80	94	34	02	17	61	00	42
29	09	19	54	67	67	88	54	62	09	07	97	35	19	31	25	06	92	25	02
27	95	74	89	62	45	75	39	06	89	58	96	64	65	81	84	85	20	01	47
52	43	54	97	75	80	00	38	20	38	57	46	57	33	87	19	66	06	40	32
78	11	60	42	09	83	28	40	93	57	61	22	27	27	47	80	44	34	47	27
03	74	36	27	13	19	14	76	35	73	66	29	95	65	12	87	61	91	34	30
82	25	35	57	16	29	21	27	51	23	06	52	40	00	28	11	47	23	63	01
09	91	87	20	33	76	61	55	79	21	74	36	21	36	05	47	28	42	92	51
19	82	00	40	15	52	45	35	13	48	74	10	97	36	22	85	44	57	91	72
69	41	17	07	11	54	36	81	57	38	55	39	85	74	48	05	06	43	10	63
48	80	36	26	28	95	03	79	54	31	41	55	48	85	78	63	09	05	69	07
80	02	51	78	94	07	88	62	85	82	80	37	56	15	59	30	46	42	84	02
19	51	95	22	72	72	95	51	57	73	04	68	00	95	04	30	66	52	60	74
50	36	31	76	75	39	04	95	69	47	95	23	01	70	95	04	04	18	68	14
60	03	34	57	41	76	35	06	75	60	21	58	86	36	02	33	00	59	63	13
59	40	60	83	61	73	45	18	08	23	54	86	64	57	76	70	00	89	43	24
29	51	12	43	14	24	35	78	76	22	82	50	68	02	13	19	07	00	19	07
57	07	34	86	57	96	99	57	44	54	90	87	33	76	71	71	23	28	88	37
81	73	29	08	96	62	34	26	52	32	23	74	17	49	45	62	17	88	50	50
40	20	21	54	17	65	99	31	09	72	67	87	16	34	00	76	26	23	42	40
81	26	86	30	79	17	93	45	74	50	50	24	65	52	06	59	04	60	73	63
13	65	31	57	36	88	98	35	04	96	41	37	45	87	57	57	21	15	34	59
23	41	47	66	24	73	31	96	72	07	09	43	88	63	33	80	54	79	84	18
79	62	53	27	85	43	51	69	83	81	90	85	84	72	18	48	41	20	81	59

13	40	75	73	19	92	12	01	91	95	23	99	99	30	30	58	46	22	64	41
54	87	97	55	83	91	42	61	41	02	40	18	39	20	56	19	56	35	04	32
09	29	30	63	75	86	85	29	15	34	68	92	34	06	81	60	32	16	05	37
61	99	27	99	73	18	94	29	25	74	22	20	70	46	30	38	26	91	59	16
31	84	93	27	40	23	25	86	68	30	10	11	91	59	61	07	41	97	10	39
35	86	11	25	98	38	27	14	79	68	77	60	63	34	23	80	75	43	48	79
40	42	68	85	23	40	27	56	54	56	75	65	70	49	24	08	10	44	75	59
25	14	94	00	99	80	81	44	49	08	98	93	71	74	11	14	54	69	71	69
56	18	75	63	56	68	25	36	75	98	00	18	19	15	24	28	56	80	75	97
79	61	54	67	58	38	93	69	45	95	61	19	17	35	89	90	98	70	26	20
92	91	81	49	33	32	46	67	28	20	40	99	88	73	56	33	29	13	41	89
01	79	85	45	45	36	05	67	56	17	59	77	59	34	35	01	15	21	00	35
55	84	71	36	40	39	47	25	25	73	69	14	55	73	35	86	61	17	98	69
38	36	66	66	19	40	90	83	06	31	24	67	91	74	54	14	87	24	61	80
01	69	50	70	31	02	98	86	42	01	94	98	07	85	28	38	37	30	72	76